U0880896

21 世纪高职高专系列教材

饭店服务实训教程

主　编　唐志国
副主编　周　彦
副主编　闫雪梅　王巍芳
　　　　刘正华　徐　锐

山 东 大 学 出 版 社

出版说明

党的十六大报告指出:“教育是发展科学技术和培养人才的基础,在现代化建设中具有先导性、全局性作用,必须摆在优先发展的战略地位。……加强职业教育和培训,发展继续教育,构建终身教育体系。”职业教育作为我国教育事业的一个重要的组成部分,改革开放以来,尤其是近年来获得了长足发展。据不完全统计,目前全国各类高等职业学校有近千所,仅山东省就有50多所,为国家和地方培养了一大批高素质的劳动者和专门人才。与此相适应,教材建设也硕果累累,各出版社先后推出了多部具有高职特色的高职高专教材。但总体上看,与迅猛发展的高职教育相比,教材的出版相对滞后,这不仅表现在教材品种相对较少,更表现在内容的针对性不强,某些方面与高职的专业设置、培养目标相去甚远。同时,地方性、区域性的高职教材也稍嫌不足。以山东省为例,作为一个经济强省、人口大省、教育大省,迄今为止,居然没有一套统编的,与山东省社会、经济、文化发展相适应的高职教材,这严重地制约了我省高职高专教育的发展。

有鉴于此,我们在山东省教育厅的领导与支持下,依据教育部《高职高专教育基础课程教学基本要求》和《高职高专教育专业人才培养目标及规格》,并结合我省高职院校及专业设置的特点,组织省内20余所高职院校长期从事高职高专教学和研究的专家、教授,编写了这套“21世纪高职高专系列教材”。该教材充分借鉴近年来国内高职高专院校教材建设的最新成果,认真总结和汲取省内高职院校和成人高校在教育、培养新时期技术应用性专门人才方面所取得的成功经验,以适应高职院校教学改革的需要为目标,重点突出实用性、针对性,力求从内容到形式都有一定的突破和创新。本系列教材拟分批出版,约100余种。出齐后,将涵盖山东省高职高专教育的基础课程和主干课程。

编写这套教材，对我们来说是一次粗浅的尝试，也是一次学习、探索和提高的机会。由于我们水平有限，加之编写时间仓促，本教材无论在内容还是形式上都难免会存在缺憾或不足，敬请专家和读者批评指正。

《21世纪高职高专系列教材》编写委员会

2011年9月

前言

服务技能水平是衡量饭店员工素质的重要指标，也是影响饭店服务质量的重要因素。高等职业院校的旅游管理及饭店（酒店）管理专业担负着为我国饭店业培养高素质应用型人才的使命，饭店服务技能是人才培养的核心能力之一。山东旅游职业学院作为全国旅游职业院校五星联盟成员之一，多年来在饭店（酒店）管理专业人才培养方面取得显著成就，为山东省的饭店行业输送了大批优秀人才。同时，作为山东省旅游培训基地，山东旅游职业学院为省内旅游企业培训了大批基层员工和中高级管理人员，为山东省饭店行业的快速发展提供了人力资源保障。在总结山东旅游职业学院实训教学经验的基础上，我们编写了《饭店服务实训教程》一书，作为高职院校旅游管理专业和饭店（酒店）管理专业的专业教材，以及作为饭店行业各级人员岗位培训的参考培训教材。

本书根据饭店管理人员和一线教师的建议，选取饭店各主要部门和岗位的核心技能为实训内容，在结构上重点突出各项技能的流程和标准，安排了课上及课下的训练内容和训练方法，以方便学生自主学习和练习，每一项实训都设计了实训考核表便于实训指导老师考核学生和学生自我测评。通过本书学习，能够使学生熟练掌握饭店员工必备的服务技能，为进一步学习其他相关课程、参加专业实训和顶岗实训打下良好的基础。

《饭店服务实训教程》由山东旅游职业学院唐志国主编，全书分为五篇：第一篇为饭店礼仪服务实训，由徐锐负责编写；第二篇为饭店前厅服务技能实训，由刘正华负责编写；第三篇为饭店客房服务技能实训，由闫雪梅负责编写；第四篇为饭店餐饮服务技能实训，由王巍芳负责编写；第五篇为饭店酒水服务技能实训，由周彦负责编写。参加本书编写的教师，不仅长期从事饭店管理专业教学工作，而且都具有多年在饭店行业进行经营管理的工作实践，具有丰富的理论知识和教学经验。在本书编写过程中，编者充分吸收山东旅游职业学院在饭店管理专业实训教学中的成果，借鉴了历届全国旅游院校饭店服务技能大赛的经验，并参阅了国内外饭店行业员工培训的经验总结。在此，向所有为本书的编写提供帮助的各位专家、学者以及酒店业同仁深表谢意。

由于水平所限，本书不妥或疏漏之处在所难免，诚望国内外同仁和广大读者不吝赐教。

编　者

2011 年 9 月

目　录

第一篇　饭店礼仪服务实训

礼仪规范实训就是在礼仪理论的指导下，进行规范化的实际操作训练。通过全面系统的规范训练，塑造学生挺拔端正的形体和姿态优雅的举止，使学生具鉴赏、表现形体美和姿态美的能力，培养学生良好的职业素质，为今后从事旅游服务工作奠定良好的形体基础。见图 1-1。

图 1-1　饭店礼仪

实训项目一　表　情

一、实训要求

表 1-1　　表情实训标准与要求

实训项目	表情礼仪
实训时间	1学时
实训目标	训练结束时，使学员认识并掌握微笑、眼神等表情的重要性和技巧，并运用于实际工作中
实训标准与要求	1. 微笑：①标准：用心微笑，眼中含笑，笑得健康；②要求：发自内心，自然大方，显出亲切，双眼平视、眼神自然，双唇微闭，嘴角稍上提，呈月牙形 2. 眼神：①公务凝视：目光注视的位置在对方双眼，或以双眼为底线、额头为顶点的三角区域内；②社交凝视；③亲密凝视
实训工具	镜子、筷子
教学方法	讲解和示范相结合
讲　授	怎样才是美丽的笑脸
示　范	镜子练习法、当众练习法、威士忌练习法、筷子练习法
练　习	每组学员练习完毕后，采取先由学员自评、再由其他学员点评、最后由教员进行总结讲评的方式
测试方法	1. 请一位学员背对其他学员读一段广播词，其他学员判断是否有微笑； 2. 每一位学员走上讲台示范微笑着说话

二、知识点

表情是一种无声的语言，可以传递人们内心世界的思想感情。行为分析专家认为，在人际交往中给人的各种刺激中，视觉印象占75%，包括表情、态度，特别是微笑；谈吐印象占16%，包括谈吐文雅，语言谦虚，有文化教养等；味觉印象占3%，包括香甜可口；嗅觉印象占3%，包括芳香、富有吸引力和魅力等；触觉印象占3%，包括和谐、温暖和综合性多方面的感受。因此，旅游接待人员在工作中必须正确地把握和运用好自己的表情。

(一)微笑

微笑是一种没有国界的语言,它是人们内心喜悦情感的自然流露,具有丰富的内涵和巨大的作用。它是自信的表现,是礼貌的表示,是真诚、热情、友好、尊敬、赞美、谅解的象征。如图 1-2 所示。

图 1-2 微笑

1. 微笑能给人以理解和友谊,给他人送去爱心、信心、喜悦和快乐。

2. 微笑能迅速地缩短彼此间的心理距离,创造出和谐融洽、互尊互爱的良好氛围。

3. 微笑的作用已为世界上不少企业家所知晓,被奉为企业成功之法宝。

(二)眼神

"眼睛是心灵的窗户",眼神又称"目光语",是心灵深处的自然流露。在人与人之间进行交流时,目光的交流总是处于最重要的地位。一双炯炯有神的眼睛,给人以感情充沛、生机勃勃的感觉;若是目光呆滞麻木,则使人产生疲惫厌倦的印象。因此,在人际交往中,双方要用目光表达自己的意愿、情感。

1. 目光凝视的方式

在人际交往中,不同的注视方式所表达的信息也不尽相同。

(1)公务凝视。目光注视的位置在对方双眼或以双眼为底线、额头为顶点的三角区域内,是用于洽谈、磋商、谈判等场合的注视行为。若一直注视这个区域,便给人以严肃、认真的感觉,使对方感到你要谈正事。

(2)社交凝视。注视的位置在对方的双眼或以双眼为底线、唇心为顶角的倒三角形区域内,是用于各种社交场合的一种注视行为。这种注视令人感到舒服,有礼貌,能够营造一种和缓的社交气氛。

(3)亲密凝视。注视的位置在对方双眼或双眼到胸部之间的区域内,是用于亲人之间或恋人之间的注视行为。

2. 目光注视的方向

(1)俯视。即目光向下注视对方,一般表示爱护、宽容之意。

(2)平视。即目光与对方的目光约在同一高度平行接触,一般体现平等、公正、自信、坦率等语义。

(3)仰视。即视线向上注视对方,一般体现尊敬、崇拜、期待等语义。

(4)斜视。即视线斜行,一般表示怀疑、疑问等语义。

饭店从业人员对宾客宜采用平视或仰视。

3. 目光注视时间的控制

心理学家证明,人们目光相互接触的时间,通常占交往时间的30%～60%。如果超过60%,则表示对对方本身的兴趣可能大于谈话;若低于30%,则表示对对方或谈论的话题不感兴趣;如果完全不看对方,只是倾听,则表示听者或是自卑、紧张,或是心中有鬼,不愿让对方看到自己的心理活动,或者是对谈话者漠视。

饭店从业人员的眼神应传达出热情、友好、尊重、诚恳的信息,经常注视旅游者的眼睛,以便从旅游者的眼睛中获知其真实的感受,并将自己的心情袒露给对方,以达到心灵的交流。

三、实训内容

(一)微笑训练

1. 指导教师讲解微笑训练的要点,并作示范。微笑的口型为闭唇或微启唇,两唇角微向上翘。

2. 学生分成两人一组,练习微笑。

◎练习一:对着镜子训练。对着镜子微笑,首先找出自己最满意的笑容,然后不断地坚持训练,从不习惯到习惯。

◎练习二:情绪记忆法。将生活中自己最好的情绪储存在记忆中,在练习微笑时,调动起最佳的情绪,露出自然轻松的微笑。

◎练习三:借助一些字词进行微笑口型训练。如普通话中的"钱""一""茄子""姐姐",英语字母中的"G""V"等。当默念这些字词时所形成的口型,正好是微笑的最佳口型。

(二)眼神训练

1. 指导教师讲解眼神训练的要点,并作示范。

(1)公务、社交注视区间,目光所及区域在额头至两眼之间,这种注视给人一种郑重、严肃的感觉。

(2)友好注视区间,区域在两眼到嘴之间,这种注视会令人感到舒服,也有礼貌。

(3)亲密注视区间,注视位置在对方两眼到胸部之间,适合亲人之间、恋人之间使用。

(4)当对方说了错话或显得拘谨时,不要马上转移自己的视线,否则,他会误认为是对他的讽刺和嘲笑。

(5)盯住对方的某一部位"用力"地看,这是愤怒的最直接表示,有时也暗含挑衅之意。

2. 学生分成两人一组,练习眼神。

(三)课后练习

学生利用课余时间按照训练要求分组反复练习,达到考核标准。

四、考核标准

表 1-2　　表情实训考核表

项目	分数	要求和标准	细节配分	扣分	得分
微笑	45	对着镜子微笑	15		
		借助一些字进行微笑(如:"钱""一"等)	15		
		微笑着读广播词	15		
眼神	45	公务凝视	15		
		社交凝视	15		
		亲密凝视	15		
整体要求	10	操作规范,动作娴熟、优雅	5		
		表情自然大方,姿势优美,面带微笑	5		
总计	100		100		

实训项目二　站　姿

一、实训要求

表 1-3　站姿实训标准与要求

实训项目	站姿
实训时间	1 学时
实训目标	训练结束时，使学员牢记站姿的要求，养成良好的职业姿态
实训标准与要求	基本站姿：上体正直，头正目平；下颚微收，挺胸收腹；双臂下垂，身体重心平均于两脚；表情自然，面带微笑
实训工具	形体房、椅子
教学方法	讲解和示范相结合（电脑、投影仪、照片）
讲授	各种站立姿态的技巧及重要性
示范	站姿：从正面看，头正、肩平、身直；从侧面看，含颌、挺胸、收腹、直腿
练习	每组学员练习各种站立姿态完毕后，采取先由学员自评、再由其他学员点评、最后教员进行总结讲评的方式。每组学员也可以编艺术组合来练习
测试方法	1. 将学员分组，原地不动测试 6 种站姿（基本站姿 3 种，矫正式站姿 3 种） 2. 为了体现考试的灵活性，由教师或学员自编站姿艺术组合进行考试；可以在走动中体现出 6 种站姿，动中有静，静中有动，体现酒店的现代服务意识

二、知识点

站姿是人最基本的姿态，优美、典雅的站姿是一种静态美，它是不同质感动态美的起点和基础，同时也是一个人良好气质和风度的展现。

1. 基本站姿

基本站姿是各种站姿的基础，其规范要领是：两脚跟相靠，脚尖打开，开度为 45°～60°，身体重心落在两脚间的中心位置上；两脚立直，双膝并拢；收腹提臀，髋部上提；立腰挺胸，挺直背脊；双肩平齐，放松下沉；双臂自然下垂，虎口向前，手指自然弯曲（中指贴裤缝）；头正，颈直，下颌微收，双目平视，面带微笑。见图 1-3。

图 1-3　基本站姿

2. 垂直式站姿

同基本站姿。

3. 腹前握手式站姿

在基本站姿的基础上，双手握于腹前，右手在上，握住左手手指部位，两手交叉放在衣扣垂直线上。

4. 双手后背式站姿

在基本站姿的基础上，两臂后摆，双手在身后相握，右手握住左手手指部位，左手在上，置于髋骨处，两臂肘关节自然内收。

5. 腹前握手，丁字步站立

此站姿适用于女士。在基本站姿的基础上，两手相握在体前，两脚站成丁字步，右脚在前，左脚在后，两脚尖打开。见图 1-4。

图 1-4　女士丁字步站姿

6. 双手后背，丁字步站姿

此站姿适用于女士。在基本站姿的基础上，两手后背相握，两脚站成丁字步，右脚在前，左脚在后，两脚尖打开。

7. 双手后背、打开步站姿

此站姿适用于男士。在基本站姿的基础上，两手后背相握，右脚同时向右横迈一步，宽度不要超过肩宽为宜。

三、实训内容

（一）课堂实训

1. 在老师的指导下，在音乐的氛围中，让学生面对镜子进行规范化的站姿练习，纠正自己不良的姿态，调整心态，使心情轻松愉快，表情自然大方，坚持 30 分钟。

2. 在老师的指导下，靠墙站立练习，要求后脚跟、小腿、臀、双肩、后脑勺都要紧贴墙壁，坚持 30 分钟。

3. 在老师的指导下，两人一组，背靠背站立练习，要求两人的个子高矮差不多，两人脚跟、小腿、臀部、双肩、后脑勺要贴紧，坚持 30 分钟。

（二）课后练习

按照课堂训练要求，课后分组进行练习，达到考核要求。

四、考核标准

表 1-4　　站姿实训考核表

项目	分数	要求和标准	细节配分	扣分	得分
站姿	80	垂直式(侧方式)站姿适用于男士、女士	20		
		腹前握手式站姿适用于男士、女士	10		
		双手后背式站姿适用于男士、女士	10		
		腹前握手、丁字步站姿适用于女士	10		
		双手后背、丁字步站姿适用于女士	10		
		垂直式(侧方式)丁字步站姿适用于女士	10		
		双手后背、打开步站姿适用于男士	10		
整体要求	20	操作规范,动作娴熟、优雅	10		
		表情自然大方,姿势优美	10		
总计	100		100		

实训项目三　坐　姿

一、实训要求

表 1-5　　坐姿实训标准与要求

坐姿	实训项目
实训时间	1 学时
实训目标	训练结束时,使学员牢记仪态的各种规范,掌握公共场合站姿的要求,养成良好的职业姿态
实训标准与要求	基本坐姿:上身端正,目光平视,表情自然。先坐外侧,再朝里移。 女服务员坐姿:双腿并拢,稍向左或右;双手交叉放于腹前或水平放于双腿。 男服务员坐姿:双膝并拢或微微分开,双手交叉放于腹前或水平放于双腿
实训工具	形体房、椅子

续表

教学方法	讲解和示范相结合(电脑、投影仪、照片)
讲授	各种姿态的技巧、重要性及迎客的要求
示范	坐姿:从座位左侧就座,向周围人致意,毫无声息地就座,坐半座
练习	每组学员练习完各种姿态后,采取先由学员自评、再由其他学员点评、最后由教员进行总结讲评的方式
测试方法	1. 将学员分组,原地不动考坐姿(女士 4 种,男士 1 种) 2. 为了体现考试的灵活性,由教师或学员自编坐姿艺术组合进行考试。结合站姿、走姿再现出坐姿的艺术表现力

二、知识点

优美的坐姿不仅包括静态姿态,还包括动态姿态,即入座和起座。端庄的坐姿能体现一个人内涵和修养。

(一)入座

入座时从容大方地走到座位前,自然转身,背对座位,双腿并拢,右脚后退半步,轻稳自如地坐下,然后两脚并齐,身体挺直,呈基本坐姿状。女子入座时应两手沿大腿两侧后部轻轻地把衣服向前整理一下,并顺势坐好。

(二)起座

起座时,右脚向后收半步,用力蹬地站起,女士应两手沿大腿两侧后部轻轻地把衣服向前整理一下,站好后再把右脚收回与左脚并拢。起身时,动作不要太快太猛。

(三)基本坐姿要求

基本坐姿是其他坐姿演变的基础,其规范要求是:

1. 头正,颈直,下颌微收,双目平视前方,或注视对方。

2. 身体正直,挺胸收腹,腰背挺直。

3. 双腿并拢,小腿和地面呈垂直状,两腿并拢。

4. 双肩放松下沉,双臂自然弯曲内收,两手呈握手式,右手在上,放在腹前双腿上。

5. 忌弯腰驼背,含胸挺腹,双膝分开。

(四)常见坐姿要领

1. 并拢垂直式坐姿

这种姿势适用于女士。在基本坐姿的基础上,两腿并拢并垂直于地面。这种坐姿是正式场合最基本的坐姿，给人以诚恳、认真的印象。

2. 开膝式坐姿

这种姿势适用于男士。在基本坐姿的基础上，双脚向外平移，两脚间的距离不得超过肩宽，两小腿垂直于地面，两膝分开，两手放在膝上。如图 1-5 所示。

图 1-5　男士开膝式坐姿

3. 双腿斜放式坐姿

这种姿势适用于女士。在基本坐姿的基础上，左脚或右脚向左或向右平移一不，两腿并拢，脚尖并拢并外开，呈斜放式。在整个变换的过程中，两腿始终相靠，并两手相握于腹前。

4. 双脚交叉式坐姿

这种姿势适用于女士。在基本坐姿的基础上，两脚交叉，两腿可垂直于地面、前伸、后收、左斜或右斜放。在整个变换的过程中，两膝关节始终相靠，双手相握于腹前。如图 1-6 所示。

5. 双腿斜叠式坐姿

在基本坐姿的基础上，左腿斜放并起支撑作用，右腿交叠于左腿上，小腿内收，脚尖向外，右脚尖绷脚贴放于左腿上。也可反方向坐。

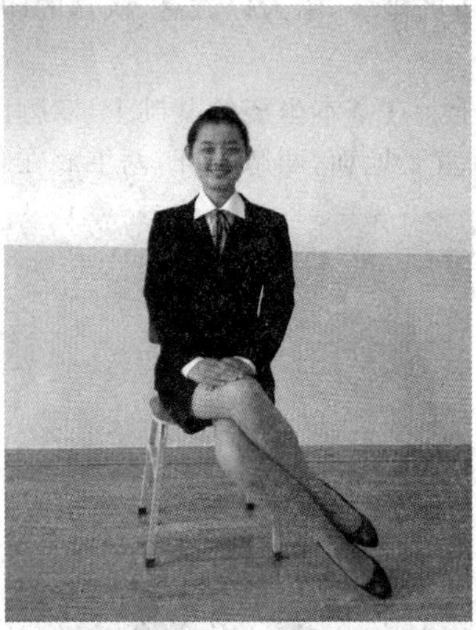

图 1-6　女士双腿斜叠式坐姿

(五)注意事项

1. 坐姿中除了注意两腿两脚的摆放外,两臂两手的摆放姿态也很重要。

2. 无论哪一种坐姿,一般不要坐满。一般面积的坐椅,应坐 2/3;如坐宽大的椅子或沙发,坐 1/3 即可。

3. 与人谈话时要目视对方。

4. 坐下后要保持端庄的姿态,不要弯腰驼背、抖腿晃脚,更不要两腿乱放。

三、实训内容

(一)课堂实训

1. 在老师的指导下,面对镜子练习坐姿,并针对每位学生进行姿态纠正。

2. 在老师的指导下,分组练习。

3. 在老师的指导下,每一位学生都要单独展示,同时增强心理自信。

(二)课后练习

按照课堂训练要求,课后分组进行练习,达到考核要求。

四、考核标准

表 1-6　　坐姿实训考核表

项目	分数	要求和标准	细节配分	扣分	得分
坐姿	80	开膝合手式坐姿，适用于男士	80		
		并拢垂直式坐姿，适用于女士	20		
		双脚交叉式坐姿，适用于女士	20		
		双腿斜叠式坐姿，适用于女士	20		
		双腿斜放式坐姿，适用于女士	20		
整体要求	20	操作规范，动作娴熟、优雅	10		
		表情自然大方，姿势优美	10		
总计	100		100		

注意：女士坐姿考试由指导老师灵活掌握。

实训项目四　走　姿

一、实训要求

表 1-7　　走姿实训标准与要求

实训项目	走姿
实训时间	1 学时
实训目标	训练结束时，使学员牢记仪态的各种规范，掌握公共场合站姿的要求，养成良好的职业姿态
实训标准与要求	走姿：上身挺直，收腹立腰，头正目平。行走时，动作协调，脚步不宜过重、过大、过急。酒店巡视时步态优美、缓慢地巡视酒店，目光与旅客相遇时，自然地点头微笑
实训工具	形体房、椅子
教学方法	讲解和示范相结合（电脑、投影仪、照片）
讲授	各种姿态的技巧、重要性及迎客的要求

续表

示范	行走必须注意的六个环节:方向明确(走直线),步幅适度(40cm、36cm),速度均匀(60～100步/分钟),重心放准(总留在后脚),身体协调(手与脚的协调),造型优美
练习	每组学员练习各种姿态亮相完毕后,采取先由学员自评、再由其他学员点评、最后由教员进行总结讲评的方式
测试方法	1. 将学员分组进行考试 2. 为了体现考试的灵活性,由教师或学员自编走姿艺术组合进行考试。结合站姿、微笑再现出走姿的艺术表现力

二、知识点

走姿是人们行走时的姿态。走姿能直接反映出一个人的精神面貌、性格特点等。优美的走姿具有动态美,能体现出一个人良好的精神风貌和良好的气质与风度。

(一)总体要求

标准的走姿要以端正的站姿为基础,通过四肢和髋部的运动,以大关节带动小关节,使整个身体移动来实现。总体要求是:轻巧自如,稳健大方,有节奏感。

(二)走姿的规范要领

1. 在行走时,头正,颈直,下颌微收,目光平视前方。
2. 挺胸收腹,直腰,背脊挺直,提臀,上体微前倾。
3. 肩平下沉,手臂自然下垂,手指自然弯曲,两臂前后自然摆动。
4. 女士行走时,两脚内侧呈一线。

(三)走姿的三要素

1. 步位,即落地时的位置。女子行走时,两脚内侧的轨迹要在一条线上;男子行走时,则是两条线。
2. 步幅,即跨步时前脚跟与后脚跟之间的距离。标准的步幅是本人的1～1.5个脚长。
3. 步速,即行走时的速度。一般步速标准女士为每分钟118～120步,男士每分钟108～110步。

(四)走姿时应注意的事项

1. 不要弯腰驼背、含胸挺腹、摇头晃脑、左顾右盼、仰头低头、探颈前窜。
2. 不要歪肩晃膀、扭腰摆臀,或翘臀、大甩手。

3. 不要双腿过于弯曲、两脚呈“内八字”或“外八字”、步子过大或过碎、脚抬得过高或过低、脚蹭地面。

4. 不要身体左右摇晃，或上下波动。

三、实训内容

(一)课堂实训

1. 在老师的指导下，在音乐的节奏中，让学生照着镜子练习走姿，从镜子里纠正自己的姿态。

2. 在老师的指导下，在保持正确站姿的基础上，让学生头顶一本书，在行走的过程中，不要让书掉下来，将整个身体控制住，始终保持标准姿态。

3. 在老师的指导下，全班同学集体走。(其他要求一样)

(二)课后练习

按照课堂训练要求，课后分组进行练习，达到考核要求。

四、考核标准

表 1-8　　走姿实训考核表

项目	分数	要求和标准	细节配分	扣分	得分
走姿	80	步位	20		
		步幅	20		
		步速	20		
		音乐节奏	20		
整体要求	20	操作规范，动作娴熟、优雅	10		
		表情自然大方，姿势优美	10		
总计	100		100		

实训项目五　蹲　姿

一、实训要求

表 1-9　　蹲姿实训标准与要求

实训项目	蹲姿
实训时间	1 学时
实训目标	训练结束时，使学员牢记仪态的各种规范，掌握公共场合蹲姿的要求，养成良好的职业姿态
实训标准与要求	基本蹲姿：上身挺直，双腿高低不一，轻蹲轻起，不要深弯腰，女学员应注意双腿并拢。左侧有参照物时左腿低，右侧有参照物时则右腿低，另一只手放于腿上，注意要直蹲直起，不要弯腰翘臀部
实训工具	形体房、椅子
教学方法	讲解和示范相结合（电脑、投影仪、照片）
讲授	各种姿态的技巧、重要性及迎客的要求
示范	蹲姿：要直蹲直起，不要弯腰翘臀部
练习	每组学员练习各种姿态亮相完毕后，采取先由学员自评、再由其他学员点评、最后由教员进行总结讲评的方式
测试方法	1. 将学员分组考试 2. 为了体现考试的灵活性，由教师或学员自编走姿艺术组合进行考试；结合站姿、走姿、微笑再现出蹲姿的艺术表现力

二、知识点

在日常生活中，在各种公共场合，人们有时难免会捡起落在地上的东西，或取放在低处的物品，都会用到蹲姿，规范稳重的蹲姿，能体现出一个人的礼仪修养。

（一）高低式蹲姿

下蹲时左脚在前，全脚着地，右脚在后，后跟提起。右膝低于左膝，臀部向下。女子下蹲时两腿要靠紧，男子两腿间可保持适当距离。如图 1-7 所示。

图 1-7　男士高低式蹲姿

（二）交叉式蹲姿

该蹲姿适用于女士。下蹲时左脚置于右脚后方，使右腿从前面与左腿交叉，右小腿垂直于地面，右脚全脚着地，两腿前后靠紧，臀部向下，上身稍前倾。

（三）注意事项

1. 下蹲时，姿态要规范、稳重。

2. 下蹲时，注意臀部下沉，切忌弯腰、翘臀。

3. 与儿童交谈可采用高低式蹲姿调节体态与高度，保持适当距离，耐心倾听，神情专注。

4. 女士着裙装可采用交叉式蹲姿。

三、实训内容

（一）课堂实训

1. 在老师的指导下，面对镜子练习蹲姿，并针对每位学生进行姿态纠正。

2. 在老师的指导下，分组练习。

3. 在老师的指导下，每一位学生都要单独展示，同时增强心理自信。

(二)课后练习

按照课堂训练要求,课后分组进行练习,达到考核要求。

四、考核标准

表 1-10　　蹲姿实训考核表

项目	分数	要求和标准	细节配分	扣分	得分
蹲姿	80	高低式蹲姿,适用于男士	80		
蹲姿	80	交叉式蹲姿,适用于女士	80		
整体要求	20	操作规范,动作娴熟、优雅	10		
整体要求	20	表情自然大方,姿势优美	10		
总计	100		100		

实训项目六　手　势

一、实训要求

表 1-11　　手势实训标准与要求

手势	实训项目
实训时间	1 学时
实训目标	训练结束时,使学员牢记仪态的各种规范,掌握公共场合手势的要求,养成良好的职业姿态
实训标准与要求	手势:手臂自然从体侧抬起,手臂微曲,手臂的高度为每个人的腰处为宜,不要过高或过低。上体略前倾,面带微笑,眼睛注视对方,并配合礼貌用语
实训工具	形体房、椅子
教学方法	讲解和示范相结合(电脑、投影仪、照片)
讲 授	各种姿态的技巧、重要性及迎客的要求
示范	手势:上体微前倾,面带微笑,眼睛看着手指目标方向,并兼顾他人是否看清或意会到目标

续表

练习	每组学员练习各种姿态亮相完毕后，采取先由学员自评、再由其他学员点评、最后由教员进行总结讲评的方式
测试方法	1. 将学员分组考试 2. 为了体现考试的灵活性，由教师或学员自编走姿艺术组合进行考试；结合站姿、走姿、微笑再现出手势的艺术表现力

二、知识点

手势是通过手和手指活动传递信息。手势是一种非常富有表现力的“体态语言”，它不仅对口头语言起加强说明解释的辅助作用，而且还能表达有些口头语言所无法表达的内容和情绪。

(一)指示方向手势

指示方向手势即为他人指示方向或指路时常用的一种手势。可以手用直臂获得手势。规范手势要求是：曲肘由身前抬起，抬到略低于肩时，再向要指的方向伸出前臂。如图 1-8 所示。上体微前倾，面带微笑，眼睛看着手指目标方向，并兼顾他人是否看清或意会到目标，并配合礼貌语言。

图 1-8　指示方向手势

(二)引领手势

当为他人引领时，常用小臂或大臂的手势。手臂自然从体侧抬起手臂微曲，手臂的高度为每个人的腰处为宜，不要过高或过低。上体略前倾，面带微笑，眼睛注视对方，并配合礼貌用语，如“您请”“这边请”“里边请”“请跟我来”“请进”等。

(三)请坐手势

请他人就座时，常用手臂手势。手臂自然从体侧抬起至腰高为宜，手臂微曲，四指并拢，上体略前倾，面带微笑，眼睛注视对方，并配合礼貌用语如“请坐”“您请坐”等。

(四)其他手势

在日常交往中，当与人交谈时，常常用手势来协助语言的表达，在这种情况下，手势的运用不要过多，动作不要过大，手指不要完全开，最好使手指处于并拢状态。另外，在与人交往时不要采用食指指人的手势，这样会显得粗鲁无礼。

三、实训内容

(一)课堂实训

1. 在老师的指导下，练习“您请”“在那边”“请坐”的手势的规范运用。

2. 在老师的指导下，分组进行模拟练习，使学生都能规范化地运用到生活中。

(二)课后练习

按照课堂训练要求，课后分组进行练习，达到考核要求。

四、考核标准

表 1-12　　手势实训考核表

项目	分数	要求和标准	细节配分	扣分	得分
手势	80	指示方向手势	20		
		引领手势	20		
		请坐手势	20		
		其他手势	20		
整体要求	20	操作规范，动作娴熟、优雅	10		
		表情自然大方，姿势优美	10		
总计	100		100		

实训项目七　日常礼仪

一、实训要求

表 1-13　　日常礼仪实训标准与要求

实训项目	鞠躬、握手、介绍、问候
实训时间	2 学时
实训目标	训练结束时，使学员掌握鞠躬、握手、介绍、问候的重要性和技巧性，并运用于实际工作中
实训标准与要求	1. 鞠躬：行鞠躬礼时，施礼者通常距离受礼者 2 米左右，脱帽，呈立正姿势，面带笑容，目视前方，身体前部向前弯腰一定程度，然后恢复原状 2. 握手：行握手礼时，通常距离受礼者约一步，两足立正，上身稍向前倾，伸出右手，手掌垂直于地面，四指并齐，拇指张开与对方相握，微微抖动 3～4 次（时间以 3 秒钟为宜），然后与对方手松开，恢复原状 3. 介绍：自我介绍、他人介绍、为他人介绍、集体介绍 4. 问候：问候的顺序应该遵循男士先向女士问候、年轻者先向年长者问候、学生先向师长问候、下级先向上级问候的原则
实训工具	镜子、形体房
教学方法	讲解和示范相结合
讲授	各种见面礼的技巧及重要性
示范	在老师的指导下，进行各种礼仪情景模拟练习
练习	每组学员练习各种姿态亮相完毕后，采取先由学员自评、再由其他学员点评、最后由教员进行总结讲评的方式
测试方法	1. 将学员分组考试 2. 由教师或学员自编走姿艺术组合进行考试；结合站姿、走姿、微笑表现出鞠躬、握手、介绍、问候的艺术表现力

二、知识点

(一)鞠躬礼

鞠躬礼,即弯身行礼,是中国、日本、朝鲜等国家的传统礼仪,用来表示对别人的尊敬。鞠躬礼除了向客人表示欢迎、问候之外,还用于下级向上级、学生向老师、晚辈向长辈表示由衷的敬意,有时也用于向他人表示深深的感激之情。鞠躬礼常见的适用场合有演员谢幕、讲演、领奖、举行婚礼、悼念等等。

1. 鞠躬礼规范

行鞠躬礼时,施礼者通常距离受礼者 2 米左右,脱帽,呈立正姿势,面带笑容,目视前方,身体前部向前弯腰一定程度,然后恢复原状。如图 1-9 所示。

图 1-9　女士鞠躬礼仪

2. 鞠躬礼的分类

鞠躬礼一般分为一鞠躬和三鞠躬两种:一鞠躬为身体上部前倾一次,鞠躬大约 15°～45°;三鞠躬为身体上部前倾三次,鞠躬大约 90°,主要适用于传统婚礼、悼念活动等。

3. 鞠躬的深度

鞠躬的深度视受礼对象和场合而定。一般问候、打招呼施 15°左右鞠躬礼,迎接宾客施 30°左右鞠躬礼,送别宾客行 45°鞠躬礼,90°大鞠躬通常用于悔过、谢罪等特殊情况。

4. 鞠躬礼的注意事项

行鞠躬礼时，施礼者应脖颈挺直，目光应向下看，鞠躬后视线落在对方脚尖部位。目光向下表示一种谦恭的态度，不可以在弯腰的同时抬起眼睛望对方。鞠躬礼毕起身时，目光应有礼貌地注视对方；如果目光旁视，则会让人感到行礼不是诚心诚意的。施礼者和受礼者在施礼过程中要相互注视。

（二）握手礼

握手是大多数国家和民族见面和离别的礼节。它含有感谢、慰问、祝贺或相互鼓励的意思。

1. 握手姿态

行握手礼时，通常距离受礼者约一步，两足立正，上身稍向前倾，伸出右手，手掌垂直于地面，四指并拢，拇指张开与对方相握，微微抖动 3～4 次（时间以 3 秒钟为宜），然后与对方手松开，恢复原状。如图 1-10 所示。

图 1-10　握手礼仪

2. 讲究次序

行握手礼时讲求“尊者居前”的伸手次序。女士与男士握手，应女士先伸手，然后男士回握；长辈与晚辈握手，长辈先伸手；上级与下级握手，上级先伸手。

3. 握手力度

规范的有礼貌的握手应注意握手的力度。跟上级或长辈握手，只需伸手过去攥着，不要过于用力；跟下级或晚辈握手，要热情地把手伸过去，时间不要太短，用力不要太轻；异性之间握手，女方伸出手后，男方应视双方的熟悉程度回握，但不可用力，一般只象征性地轻轻一握。

4. 握手禁忌

社交中的握手有诸多禁忌，如忌贸然伸手，忌用左手握手，忌戴墨镜、太阳镜握手，忌戴帽子、手套握手，忌交叉握手，忌抓指尖式握手，忌握手时目光左顾右盼，忌长久地握住异性的手不放。

（三）介绍礼

介绍是人与人相互认识的桥梁，是人们开始交往的第一步，是与他人认识、沟通、增进了解、建立联系的方式之一。介绍也是日常接待工作中必不可少的一个环节，是旅游接待人员在人际交往和接待工作中相互了解的基本方式。

介绍礼一般分为以下四种形式：

1. 自我介绍

自我介绍是交际场合常用的介绍方式，主要用于为自己搭建平台认识对方、结交朋友。一般来讲，自我介绍有三点注意事项：首先，先递名片，再作介绍，以加深别人对自己的印象。其次，自我介绍的时间要简短，尽量控制在 1 分钟之内。当然，如果对方也有与自己相识的愿望，并非常热情，可进一步作自己介绍。最后，自我介绍的内容要规范，一般应介绍单位、部门、职务、姓名等四个要素，比如："我是北海贸易有限公司人事部经理王强。"

2. 他人介绍

由他人作介绍，自己处在当事人位置。如果你是身份高者、年长者，应立即与对方热情握手；如果是身份低、年轻者，则应根据对方的反应而作出反应，比如对方先伸手，则应立即回握。

3. 为他人介绍

旅游接待人员在接待工作中，为他人作介绍是常有的事情。在社交场合中，通过接待人员作介绍让宾客相互认识是一种起码的礼貌。

首先，为他人作介绍时的表情和介绍手势应文雅。无论介绍哪一方，都应手心朝上，手背朝下，四指并拢，拇指张开，指向被介绍一方，并向另一方点头微笑。如图 1-11 所示。切忌伸出手指指来指去。

图 1-11　介绍礼仪

其次，介绍时应注重先后顺序，简单地讲，即“尊者居后”。介绍时，应先将男士介绍给女士，再将女士介绍给男士；先介绍年轻的，后介绍年长的；先介绍地位低的，后介绍地位高的；女性之间，则先介绍未婚的，后介绍已婚的；主人与客人之间，先介绍主人，后介绍客人。

再次，关于介绍人的问题。在社交活动中，第三者介绍，由谁来充当介绍人是个很重要的问题，因为介绍人不同，表示对客人的待遇不同。一般来讲，充当介绍的人一般有三类：在商务交往、公务交往中，一般设有专职的接待人员，如秘书、办公室主任、会务接待等；在社交活动中，介绍人则通常为双方的熟人；对贵宾的介绍，则应为我方职务最高者，以表示对贵宾的重视、尊重。

4. 集体介绍

集体介绍一般有两种情况：一种是将一个人介绍给大家，另一种是将大家介绍给一个人。将一个人介绍给大家通常适合于在重大活动中对身份高者、年长者和特邀嘉宾的介绍，如导游将经理介绍给旅行团的团员，只需要注意一些一般性的礼节就可以了。而将大家介绍给一个人则需注意介绍的顺序，一般是按身份高低或者按座次顺序进行介绍。

（四）问候礼仪

问候是人们日常交往中重要的礼仪方式，适时而适当的问候能增进交往者的感情，而见面时冷漠不语、置之不理则往往引起人们交往的尴尬与不快，甚至是误解与反感。我们在进行日常的问候时应注意问候的次序、态度、内容等问题。

1. 问候的次序

一个人和另外一个人之间的问候，通常是位低者先问候。即身份较低者或年轻者首先问候身份较高者或年长者。

一个人问候多人时，既可以笼统地加以问候，比如说“大家好”；也可以逐个加以问候。当一个人逐一问候许多人时，既可以由“尊”而“卑”、由长而幼地依次而行，也可以由近而远依次而行。

如果同时遇到多人，特别是在正式会面的时候，宾主之间的问候要讲究一定的次序。切不可随便问候，不讲秩序。

2. 问候的态度

问候是敬意的一种表现，态度上需要注意以下几点：

(1)主动。问候别人，要积极、主动。当别人首先问候自己之后，要立即予以回应，不要不理不睬摆架子。

(2)热情。问候别人的时候，通常要表现得热情、友好。毫无表情，或者表情冷漠的问候不如不问候。

(3)自然。问候别人的时候，主动、热情的态度，必须表现得自然而大方。矫揉造作、神态夸张，或者扭扭捏捏，反而会给人留下虚情假意的不好印象。

(4)专注。问候的时候，要面含笑意，以双目注视对方的两眼，以示口到、眼到、意到，专心致志。不要在问候对方的时候，眼睛却看别处，让对方不知所措。

3. 问候的内容

问候内容上有直接式和间接式两种，它们各有不同的适用范围：

(1)直接式。所谓“直接式问候”，就是直截了当地以问好作为问候的主要内容。它适用于正式的公务交往，尤其是宾主双方初次相见。如“您好”“晚上好”等。

(2)间接式。所谓“间接式问候”，就是使用某些约定俗成的问候语，或者在当时条件下可以引起的话题，主要适用于非正式、熟人之间的交往。比如：“忙什么呢”“您去哪里”等，来替代直接式问候。

三、实训内容

(一)课堂实训

1. 指导老师介绍鞠躬礼的要领并作示范，学生按要领训练。

◎练习一：在老师的指导下，分组进行鞠躬礼练习。

◎练习二：在老师的指导下，设定场景，让学生练习如何正确而又规范地完成鞠躬礼。

2. 指导老师介绍握手礼的要领并作示范，学生按要领训练。

◎练习一：在老师的指导下，分组练习握手礼。

◎练习二：在老师的安排指导下，设情景模拟练习。

3. 指导老师示范介绍礼的要领，学生按要领训练。

◎练习一：在老师的指导下，分组练习介绍礼。

◎练习二：在老师的指导下，设定场景，让学生练习如何正确而又规范地完成介绍礼。

4. 指导老师介绍问候礼的要领并作示范，学生按要领训练。

◎练习一：在老师的指导下，分组练习问候礼。

◎练习二：情景模拟训练。

四、考核标准

表 1-14　　日常礼仪实训考核表

项目	分数	要求和标准	细节配分	扣分	得分
鞠躬	20	符合鞠躬度数及规范	20		
握手	20	符合握手的姿态规范	20		
介绍	20	符合介绍的规范	20		
问候	20	符合问候的要求	20		
整体要求	20	操作规范，动作娴熟、优雅	10		
		表情自然大方，姿势优美	10		
总计	100		100		

第二篇　饭店前厅服务技能实训

饭店前厅既是宾客进入饭店的第一个接触点，又是其离开饭店的最后一个接触点，因此，它直接关系到宾客的住宿满意程度和对饭店的印象。见图 2-1。在现代化饭店里，前厅往往被认为是整个饭店的核心部门，无论是在前厅设置、员工素质方面还是在管理手段上都要高于其他部门。宾客入住登记在前厅，离店结算在前厅，宾客遇到困难寻求帮助找前厅，宾客感到不满时投诉也找前厅。前厅工作人员的言语举止将会给宾客留下深刻的第一印象。如果前厅工作人员能以彬彬有礼的态度待客，以娴熟过硬的技巧为宾客提供服务，以灵活妥善的方法处理宾客投诉，认真有效地帮助宾客解决疑难问题，那么宾客对饭店的其他服务也会感到放心和满意。

图 2-1　饭店前厅

实训项目一　散客电话订房

一、实训要求

表 2-1　　电话订房实训标准与要求

实训项目	散客电话订房
实训时间	1学时
实训目标	训练结束时，学生应熟练掌握客房预订的操作程序
实训标准与要求	1. 熟练掌握电话订房的受理程序 2. 熟练掌握接听电话的礼仪规范 3. 熟练掌握预订表单和房态表的使用及信息储存 4. 能够准确清楚地记录宾客的重要预订信息，如宾客姓名、是否为协议单位、预订房间种类和数量、入住日期时间、逗留天数、是否需要接机服务、特殊要求及联系方式等
实训工具	订房单、电脑房态表、电话机、笔、其他备查资料（如航班时刻表、租车价目表等）
教学方法	讲解和示范相结合
讲　授	客房预订的程序及注意事项
示　范	模拟示范散客电话订房的受理程序
练　习	学生按照教师所示范的程序分组反复练习
测试方法	情境模拟：使用符合服务规范的用语，回答各项预订信息询问，记录无遗漏、无错误

二、知识点

客房预订的方式一般包括来店预订（当面预订）、电话订房、传真订房、信函订房和网络订房等。

（一）来店预订

来店预订是宾客亲自到饭店，与订房员面对面地洽谈订房事宜。这种订房方式能使订房员有机会详尽地了解宾客的需求，并当面解答宾客提出的问题，有利于推销饭店产品。

与宾客面谈订房事宜时，应注意以下事项：

1. 讲究礼节礼貌，态度热情，用语规范、适当。

2. 把握客户心理，运用销售技巧，灵活地推销客房和其他产品，必要时可带领宾客参观房间和其他设施。

3. 受理此方式订房时，应注意避免向宾客作出具体房号的承诺；否则，如因情况变化失信于宾客，会影响服务信誉。若宾客不能说出具体的住店天数，应设法弄清最多和最少天数，以利于排房。另外，在用房紧张时，宾客若不能明确具体抵达时间应提醒宾客，房间保留到当日18:00。

（二）电话订房

宾客通过电话向饭店订房，这种方式应用最为广泛，特别是提前预订的时间较短时，这种方式最为有效。这种方式的优点是直接、迅速、清楚地传递双方信息，饭店可当场回复宾客的订房要求。

电话订房注意事项：

1. 与宾客通话时要注意使用礼貌用语，语音、语调运用要婉转，口齿要清晰，语言要简明扼要。每一位订房员必须明确，自己虽然不是与宾客面对面进行交流，却是宾客接触饭店的第一个人。要充当好这个角色，就必须通过电话给宾客送上热情友好的服务。

2. 准确掌握客房预订状况，预订单、航班表等用品和资料要放置在便于取用或查找的地方，以保证预订服务工作快速和敏捷。

3. 立即给订房人以明确的答复，绝不可让宾客久等。若对宾客所提预订要求不能及时进行答复时，则应请对方留下电话号码，并确定再次通话的时间；若因客满需婉拒订房时，应征询宾客是否可以列入等候名单。

4. 通话结束前，应重复宾客的订房要求，以免出错。由于电话的清晰度以及受话人的听力水平等因素的影响，电话预订容易出错，故应事先健全受理电话预订的程序及其相关标准，以确保预订的有效性。

（三）传真订房

传真订房目前在团队订房中应用广泛，其特点是：操作方便，传递迅速，即发即收，内容详尽，并可传递签名、印章、图表等内容。

（四）信函订房

信函预订是宾客或其委托人在离预抵店日期尚有较多时间时所采取的一种传统订房方式，目前使用较少。这种方式较正规，如同一份合约，对客我双方起到一定约束作用。复信时应注意格式规范、时间及时、内容准确完整。

（五）网络订房

网络订房是一种新兴的订房方式，目前已被越来越多的宾客所喜爱。宾客一般可以通过饭店自设的网站直接订房，也可以通过饭店连锁集团的订房系统向其所属的饭店订房，甚至可以通过一些中间组织设立的网站进行订房。这种方式的优点是：信息全、选择面宽、成本低、效率高、房价优惠等。

三、实训内容

（一）准备工作

1. 了解前一天晚上到目前为止的客房周转情况、当日宾客离店后腾出的房间情况、预订住宿等情况，据此决定是否接受当日及以后的预订。

2. 熟悉客房床具及客房种类、价格、当前促销政策。

3. 清楚了解空房的状况、价格和位置，做好积极推销的准备。

4. 熟悉有关客房种类的英文名称，以便能够向外国宾客积极介绍客房种类。

5. 了解散客客房预订单（中、英文两种）、房态表、电话机。

6. 准备好笔、房价表及饭店相关宣传资料、问讯资料。

（二）课堂实训

◎练习一：教师自设预订情景进行模拟操作，操作程序如下：

1. 接听电话：铃响 10 秒（三声）之内接听，以热情友好的声音报："Good morning(afternoon, evening), ××hotel room reservations.""您好，××饭店预订部，请问有什么可以帮您？"见图 2-2。

图 2-2　接听电话

2. 介绍饭店客房，询问宾客具体要求。

(1)聆听宾客要求，介绍房间类型和价格，询问宾客公司名称，查看是否属于协议单位，便于确定优惠房价。在向宾客介绍房间时，一般介绍两三种不同类型的房间，说明各类房间的优点，并准确报价，说明房价所含的内容（是否含有早餐及早餐份数)。

(2)礼貌询问宾客姓名及拼写方式、付款方式、预抵时间、特殊要求以及是否需要交通接送服务。

(3)礼貌询问订房人姓名、单位、电话,为宾客提供预订号或说明预订姓名。

(4)向宾客说明入住的相关规定,例如几点钟可以入住,入住时需缴纳押金等。

(5)逐项复述预订内容,确保无误,例如:“某某先生,您预订了一间我们饭店的标准间,给您的是某公司协议房价,为388元。7月5日下午6点前入住,7月7日12点前退房,共两晚。按照您的要求我们将为您保留朝阳的房间。另外,您的联系方式是××××××××,付款方式为××××,请问对吗?”

3. 向宾客致谢,感谢订房,热情道别,例如:“感谢您的订房,我们期待您的光临,再见!”

4. 信息记录储存:

(1)根据预订情况在订房单上填写清楚,确保信息记录清楚准确,无涂改。

(2)将预订信息完整无误地输入电脑。

(3)将订房单按照抵达日期和宾客姓氏字母顺序排列好,放在指定的位置。同时,电话通知客房部及前台预订情况。

◎练习二:按照操作程序,给出学生3种以上的不同预订情景,两人为一组分别模拟宾客和预订员练习(每次练习后互换角色),每人每种情景练习3次,每次约3分钟。

参考的模拟练习情景:

1. 蒋丽小姐来电话称想预订一个套房和一个标准间,套房是为其老板准备的,抵店日期是5月20日,住3天,请进行模拟练习。

2. 某饭店的协议客户张晓梅来电话想订4个标准间,3日后入住,请进行模拟练习。

3. 王鹏先生来电话要求订一个豪华套房,时间是10月1日,预住2天,可是豪华套房已经预订完了,普通套房也不多了,请进行模拟练习。

4. 刘丽女士在电话订房时提出自己有一个6个月的小孩,请你帮忙在房间安排上作出相应照顾,请模拟整个预订场景。

(三)课后练习

学生利用至少4学时时间按照教师所示范的程序,模拟情景,分组反复练习,以达到考核标准。

四、考核标准

表 2-2　　前厅散客电话订房实训考核表

项目	分数	要求和标准	细节配分	扣分	得分
接听电话	20	铃响 10 秒(三声)之内接听	5		
		使用礼貌用语,报出饭店名称,向宾客问候,表示愿意为宾客服务	10		
		声音热情友好,音量、语调及语速适中,声音清晰	5		
介绍饭店客房,询问宾客具体要求	40	聆听宾客要求,介绍房间类型、特点、所含内容和价格	10		
		询问宾客公司名称,查看是否属于协议单位,便于确定优惠房价	5		
		询问宾客姓名、付款方式、抵离时间及特殊要求	10		
		询问订房人姓名、单位、电话,以便联系,并提供预订号或预订姓名	10		
		说明饭店入住的相关规定,并逐项复述预订内容,确保无误	5		
与宾客道别	10	向宾客致谢,感谢订房,热情道别	10		
记录储存信息	20	根据预订情况在订房单上填写清楚	10		
		将预订资料按规定存档,通知客房部及前台预订情况	10		
综合印象	10	预订过程中语言规范、简洁,表述清楚	5		
		对宾客的要求及询问反应敏捷,应对灵活	5		
总计	100		100		

注意:1. 未着制服不允许进行考试;

2. 未填写预订单的成绩为零分;

3. 因考生失误或错误使得宾客未预订成功的成绩为零分。

实训项目二　无预订散客入住接待

一、实训要求

表 2-3　散客入住接待标准与要求

实训项目	散客入住登记
实训时间	2 学时
实训目标	训练结束时,学生应掌握无预订散客入住登记的知识,掌握散客的接待方式,能够独立完成对散客的入住登记工作
实训标准与要求	1. 熟练掌握无预订散客入住登记的受理程序 2. 掌握前台接待的礼仪规范和服务用语 3. 熟练掌握散客住宿登记表、押金单和房态表的使用及资料储存 4. 能够正确为宾客制作房卡、钥匙
实训工具	散客入住登记表、笔、房态表、房价表、房卡、钥匙、模拟用身份证、前台设备、模拟用验钞机
教学方法	讲解和示范相结合
讲　授	无预订散客入住登记的程序及注意事项
示　范	模拟示范散客入住登记的受理程序
练　习	学生按照教师所示范的程序分组反复练习
测试方法	情境模拟,操作符合服务规范用语,表单填写准确无误,操作程序无遗漏,在规定的 3 分钟时间内完成

二、知识点

(一)接待处的工作职责

接待处的人员一般配备有主管、领班和接待员。其主要职责是:

1. 安排住店宾客。
2. 办理入住登记手续,分配房间。
3. 积极推销出租客房。
4. 协调对客服务,掌握客房出租的变化。
5. 掌握住客动态及住客资料。

6. 正确显示客房状态。

7. 制作客房营业月报表。

(二)入住登记工作的目的

1. 住宿登记是公安部门的要求。出于国家及公众安全的需要,各国公共安全部门都要求饭店在宾客住宿时履行住宿登记手续。

2. 住宿登记可以有效地保障饭店的利益,防止宾客逃账。

3. 住宿登记是饭店取得客源市场信息的重要渠道。住宿登记表中有关宾客的国籍、性别、年龄以及停留事由(商务、旅行、会议等)、房价等都是饭店客源市场的重要信息。

4. 住宿登记是饭店为宾客提供服务的依据。宾客的姓名、房间号码、家庭住址、出生日期、民族等都是饭店为宾客提供优质服务的依据。

5. 住宿登记可以保障饭店及宾客生命、财产的安全。通过住宿登记,查验宾客有关身份证件,可以有效地防止或减少饭店不安全事故的发生。

(三)入住登记的相关表、卡

1. 住宿登记表(registration form)

住宿登记表至少一式两联,一联留饭店前台收银处保存,一联交公安部门备案(见表 2-4、2-5)。正确填写这些内容对于提高饭店经营管理水平具有重要意义。

(1)房号:便于查找、识别住店宾客及建立客账,保障宾客安全。

(2)房价:是结账、预测客房收入的重要依据。

(3)抵离店日期、时间:正确记录宾客抵离店日期、时间,对结账及提供邮件查询服务是非常必要的,因此,宾客办理完入住手续后,接待员应按规定在登记表的一端,用时间戳打上宾客的入住时间。

(4)通信地址:掌握宾客准确的通讯地址,有助于宾客离店的账务及遗留物品的处理,还有助于向宾客提供离店后的邮件服务及便于向宾客邮寄促销品等。

(5)接待员签名:可以加强员工的工作责任心,是饭店质量控制的措施之一。

表 2-4　　国内旅客住宿登记表

编号:　　　　房号:　　　　房租:

姓名	性别	年龄	籍贯	工作单位	职业
				省市县	
户口地址				从何处来	
身份证或其他有效证件				证件号码	
抵店日期			离店日期		

续表

<table>
<tr><td rowspan="2">同
宿
人</td><td>姓名</td><td>性别</td><td>年龄</td><td>关系</td><td rowspan="2">备注</td><td></td></tr>
<tr><td colspan="4"></td><td></td></tr>
<tr><td colspan="5">请注意：
(1)退房时间是中午 12:00；
(2)贵重物品请存放在前台保险箱内，阁下一切物品之遗失饭店概不负责；
(3)来访宾客请在 23:00 前离开房间；
(4)退房请交回钥匙；
(5)房租不包括房间里的饮料。</td><td colspan="2">结账方式：
现金：
信用卡：
支票：
宾客签名：
接待员：</td></tr>
</table>

填表人 ________

表 2-5　　境外旅客临时住宿登记表

Registration form of temporary residence for visitors

IN BLOCK LETTERS:　　DAILY RATE:　　ROOM NO.:

<table>
<tr><td>SURNAME:</td><td>DATE OF BIRTH:</td><td>SEX:</td><td>NATIONALITY OR AREA:</td></tr>
<tr><td>OBJECT OF STAY:</td><td>DATE OF ARRIVAL:</td><td>DATE OF DEPARTURE:</td><td>COMPANY OR OCCUPATION:</td></tr>
<tr><td colspan="4">HOME ADDRESS:</td></tr>
<tr><td colspan="3">PLEASE NOTE:
1. Chect out time is 12:00 noon
2. Safe deposit boxes are available at cashier counter at no charge, Hotel will not be responsible for any loss of your property
3. Visitors are requested to leave guest rooms by 11:00PM
4. Room rate not including beverage in your room
5. Please return your room key to cashier counter after check-out</td><td>On checking out my account will be settled by:
CASH:
T/A VOUCHER:
CREDIT CARD:
GUEST SIGNATURE:</td></tr>
</table>

续表

For clerk use				
护照或证件名称：	号码：	签证种类：	签证号码：	签证有效期：
签证签发机关：	入境日期：	口岸：	接待单位：	
REMARKS：			CLERK SIGNATURE：	

2. 房卡(hotel passport)

房卡又称“欢迎卡”，接待员在给宾客办理入住登记手续时，会给宾客填写封面印有“欢迎光临”字样的房卡(见表 2-6)。房卡的内容主要包括饭店运行与管理所需登记的项目、住客须知、饭店服务项目及设施的介绍。

房卡的主要作用是证明住店宾客的身份，方便宾客出入饭店。因此，房卡又称“饭店护照”。在一些饭店，房卡还被赋予一些其他的功能，如：为区分宾客类别，饭店常使用贵宾房卡以示区别；根据宾客的信用标准，饭店还特别印制一种房卡——钥匙卡，这种卡只证明其持有者的住店宾客身份，但不能作为饭店消费场所的签单证明，主要发给没交押金的散客和团体宾客，其他费用由宾客自理。持“VIP”房卡和其他种类房卡的宾客则可凭房卡去饭店经营场所签单消费，其账单送至前厅收款处入账，退房时一次性结账。但在给宾客签单时，各经营场所的收银员一定要核实顾客身份及检查房卡是否有效。

表 2-6　　宾客欢迎房卡

房 客 须 知

房间钥匙不得转交他人使用。

退房时间
中午十二时。

火警指示
请注意房间门后之楼层走火通道平面图。

<u>保险贮物箱</u>
请将携带之贵重物品存放于前台收款处设立之免费保险箱内，您如在房间或酒店公共场所遗失任何贵重物品，酒店概不负责。

<u>拜访时间</u>
任何未作登记之宾客不能于晚上十一时后在房间内逗留。

For Your Information

Keycard is non-transferable

Check-out time
12:00 noon

In Case of Fire
Please note the evacuation plan posted on the back of your room door

Safe Deposit Boxes
Safe Deposit Boxes are available free-of-charge at the Front Desk

The hotel is not liable for any loss of personal valuables in guest rooms or the public areas of the hotel

Visiting Hours
Non-registered guests are not allowed to stay at guest rooms after 11:00pm

康年國際酒店集團
HOTELS & RESORTS
CONIFER

宾客姓名
GUEST NAME: ______

房间号码
ROOM NO: ______

有效期至
VALID UNTIL: ______

每日房租
DAILY ROOM RATE: ______

宾客签名
GUEST'S SIGNATURE: ______

经办人
CLERK: ______

(四)散客入住接待程序

1. 迎接宾客

微笑向宾客问好,表示欢迎,以敬语称呼宾客,并表示乐于为其提供服务。

2. 确认预订及处理

接待员应面带微笑,主动迎上前去,询问宾客有无订房。若有订房,应问清宾客预订姓名,然后根据姓名找出宾客的订房资料,确认订房内容,特别是房间类型与住宿天数;如宾客没有订房,则应先查看房态表,看是否有可供出租的客房。若能提供客房,则向宾客介绍房间情况,为宾客选房;如没有空房,则应婉言谢绝宾客,并耐心为宾客介绍邻近的饭店。

3. 入住登记

礼貌请宾客出示证件,代客填写"住宿登记表",同时与宾客确认所住房间的种类、房价。如图 2-3 所示。将房卡填写清楚,请宾客签名,制作好客房钥匙。

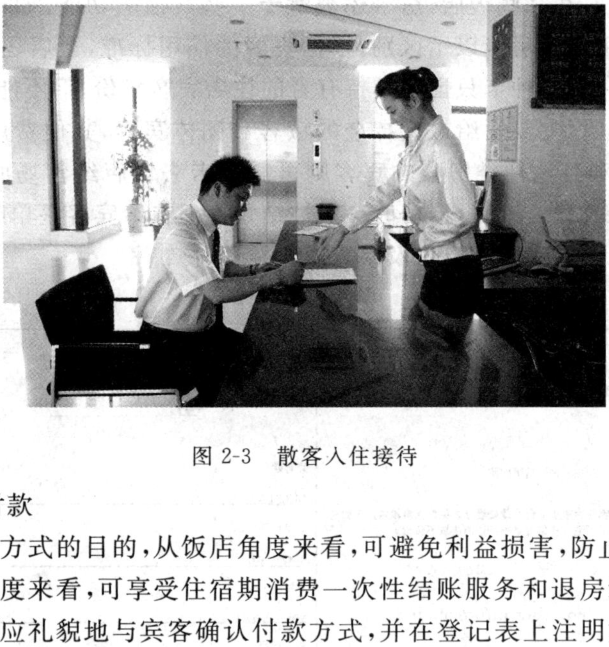

图 2-3　散客入住接待

4. 确认付款

确定付款方式的目的,从饭店角度来看,可避免利益损害,防止住客逃账(走单);从宾客角度来看,可享受住宿期消费一次性结账服务和退房结账的高效率服务。接待员应礼貌地与宾客确认付款方式,并在登记表上注明。宾客常采用的付款方式有:现金、信用卡、支票及旅行传单(Travel voucher)等。另外,此时还应引导宾客在前台收款处预付押金,并叮嘱宾客收好押金收据,见表 2-7。

表 2-4　　押金收据

DEPOSIT RECEIPT

客人姓名：　　　　房号：　　　　日期：

Guest Name ________ Room No. ________ Issued Date ________

预付押金金额

Advance Deposit Amount ￥____________

大写金额（人民币）：

___万___千___百___拾___圆___角

支票号码

Cheque No# ____________________

备　注

Remarks ____________________

宾客签名　　　**收款员签名**

Guest Signature_____ Cashier Signature_____

条款TERMS/CONDITIONS

1. 请携此单取回余下的押金
   Refund will only be given with the presence of this Deposit Receipt
2. 若签名与此单不符时，押金恕不退还
   Refund will not be given if guest's signature is not identical to the one on this receipt
3. 如欲委托友人找领押金，请提交有效之授权书。
   Refund will not be given to the third party unless accompanied with a proper authorization letter.
4. 请在办公时间内取回押金，或与前台员工预约于办公时间后处理。
   Refund will only be done during office hours unless prior arrangement is made with the Front Desk Agent
5. 余下的押金请在结帐后一个月内领取，逾期作废。
   Balance of deposit will only be refund within one month after guest's departure

5. 送客

排房、定价、确定付款方式后，接待员应请宾客在准备好的房卡上签名，即可将客房钥匙交给宾客。有些饭店还会向宾客提供用餐券、免费饮料券、各种促销宣传品等，并询问宾客喜欢阅读何种报纸，以便准备提供。同时，饭店为宾客事先保存的邮件、留言单等也应在此时交给宾客，并提醒宾客将贵重物品寄存在饭店免费提供的保管箱内。在宾客离开前厅时，接待员应安排行李员引领宾客进房并主动与其道别，然后将宾客入住信息输入计算机并通知客房中心。也有些饭店在宾客进房 7～10 分钟后，再通过电话与宾客联系，询问其对客房是否满意，并对其光临再次表示感谢。

6. 入住资料的处理

送别宾客后，接待员应电话通知客房部、总机等相关部门宾客入住的信息，将"住宿登记表"第二联交收银台，然后将住客信息在电脑中进行储存，并更改房态。

三、实训内容

(一)准备工作

1. 了解当日预期抵店和离店的宾客名单。

2. 熟悉客房床具及客房种类、价格、当前促销政策。

3. 清楚了解空房的状况、价格和位置，做好积极推销的准备。

4. 熟悉有关客房种类的英文名称，以便能够向外国宾客积极介绍客房种类。

5. 熟悉散客住宿登记表(中、英文两种)、房卡、押金收据。

6. 准备好笔、住宿登记表、前台设备及饭店相关宣传资料、问讯资料。

(二)课堂实训

◎练习一：指导教师说明无预订散客登记入住的操作程序并作示范，学生进行模拟操作，具体操作程序如下：

1. 当宾客进入大堂，距前台两米远时，接待员应目视宾客，向宾客点头微笑致意："先生/小姐，您好！""Good morning /afternoon/evening, Sir/Madam, May I help you?"

2. 礼貌地询问宾客是否已经有预订。

3. 如宾客无预订，询问宾客几位入住、需要何种房间、预住几天，根据饭店所余空房情况向宾客介绍房间种类、朝向、价格等。

4. 与宾客商谈房间价格，确认是否享受某种优惠或协议价格。

5. 商谈结束后，礼貌地请宾客出示身份证件，并放入扫描仪扫描。

6. 完整、准确地代客填写住宿登记表，填好后接待员在住宿登记表上签名，然后请宾客过目并签字。

7. 为宾客挑选符合其要求的房间号码，征询宾客意见后写在住宿登记表上，并用电脑设备制作房间磁卡钥匙，填写欢迎卡，并请宾客签名。

8. 礼貌地向宾客说明押金数额，请宾客交纳押金，询问付款方式，并为宾客开具押金收据。

9. 双手将欢迎卡、房间钥匙、押金单、早餐券、宾客身份证等交到宾客手中，并提示宾客收好。

10. 向宾客说明其房间位置、早餐情况及退房时间等。

11. 询问宾客是否需要贵重物品寄存服务，并解释相关规定。

12. 招呼行李员带领宾客入房，并预祝宾客住店愉快。

13. 将入住登记表等资料按规定存档，通知客房部宾客入住，通知总机开通宾客房间外线电话，并更改房态。

◎练习二：按照操作程序，给出学生 3 种以上的不同散客入住接待情景，两人为一组分别模拟宾客和接待员情景练习(每次练习后互换角色)，每人每种情景练习 3 次，每次约 3 分钟。

参考的模拟练习情景：

1. 一位未办理订房手续的协议公司客户李先生来到前台要求住宿，请模拟场景练习。

2. 一位叫李明的宾客慕名来店，要求住一单人间，此时正值客流高峰，客房出租率已达96%，请设计场景模拟练习。

3. 一位叫王杰的宾客来饭店要求入住，但饭店因接待会议，客房仅剩豪华套房，请模拟场景练习。

4. 一位原来预订单人间的宾客和其朋友一同来店，要求将单人间改为标准间入住，请模拟场景练习。

（三）课后练习

学生利用至少6学时时间按照教师所示范的程序，模拟情景，分组反复练习，以达到考核标准。

四、考核标准

表2-8　　前厅无预订散客入住接待实训考核表

<table>
<tr><th>项目</th><th>分数</th><th>要求和标准</th><th>细节配分</th><th>扣分</th><th>得分</th></tr>
<tr><td>迎接宾客</td><td>5</td><td>微笑向宾客问好，表示欢迎，以敬语称呼宾客，并表示乐于为其提供服务</td><td>5</td><td></td><td></td></tr>
<tr><td rowspan="4">确认预订及处理</td><td rowspan="4">20</td><td>礼貌地询问宾客是否有预订</td><td>5</td><td></td><td></td></tr>
<tr><td>热情、有针对性地介绍可供出租的客房类型及特点</td><td>5</td><td></td><td></td></tr>
<tr><td>介绍客房价格，且报价方式合乎规范</td><td>5</td><td></td><td></td></tr>
<tr><td>确认房价、折扣、房间类型及离店日期</td><td>5</td><td></td><td></td></tr>
<tr><td rowspan="2">入住登记</td><td rowspan="2">20</td><td>礼貌地请宾客出示证件，代客填写住宿登记表</td><td>10</td><td></td><td></td></tr>
<tr><td>与宾客确认所住房间的种类、房价，写房卡，请宾客签名，制作钥匙</td><td>10</td><td></td><td></td></tr>
<tr><td rowspan="2">确认付款</td><td rowspan="2">15</td><td>确认付款方式</td><td>5</td><td></td><td></td></tr>
<tr><td>收银员收取押金并开具押金单</td><td>10</td><td></td><td></td></tr>
</table>

续表

送客	20	请宾客在登记单上签字，将钥匙、房卡双手交给宾客，说明房号、早餐时间、地点及电梯位置	10		
		检查是否有转交留言或信件；主动介绍饭店服务设施（如提示宾客可将贵重物品存于前台保险箱内）等	5		
		安排行李员帮宾客提拿行李送至房间，礼貌地祝愿并道别	5		
入住资料的处理	10	通知客房部、总机等相关部门宾客入住	5		
		将住宿登记表第二联交收银台，将住客信息进行储存，更改房态	5		
综合印象	10	站姿、走姿、坐姿标准，书写清晰，递接物品动作规范	5		
		举止优雅、大方、自然，注重礼貌礼节，面带微笑，服务中用姓氏称呼宾客	5		
总计	100		100		

注意：1. 未着制服不允许进行考试；

2. 未查验宾客证件、未填写住宿登记表的成绩为零分；

3. 因考生失误或错误使得宾客未入住成功的成绩为零分。

实训项目三　团队入住接待

一、实训要求

表 2-9　　团队接待实训标准与要求

实训项目	团队入住登记服务
实训时间	1 学时
实训目标	通过团队入住登记服务的实训，掌握饭店前台员工处理团队入住登记时的技巧和注意事项，能够独立操作团队入住登记程序
实训标准与要求	1. 掌握团队入住登记与散客入住登记的区别； 2. 熟练运用团队入住登记所需工具，正确填写、使用各类表格、报表； 3. 能够正确地为团队宾客办理入住登记手续，并及时处理特殊问题
实训工具	电脑、打印机、团队信息资料、团队入住登记表、团队预分房报表、笔、团队入住通知单、房卡、钥匙
教学方法	讲解和示范相结合
讲授	团队入住登记的操作要点及注意事项
示范	模拟示范团队入住的受理程序
练习	学生按照教师所示范的程序分组反复练习
测试方法	情境模拟：使用符合服务规范的用语，表单填写准确无误，操作程序无遗漏，在规定的 3 分钟内完成

二、知识点

(一)提前为团队宾客安排房间应注意的事项

1. 前台接待员根据团体协议安排已订的房间类别，房间类型应尽量一致。
2. 房间安排要相对集中，尽量安排在同一楼层，以便团队的集中管理。
3. 房间楼层要避开宾客所忌讳的数字。
4. 应在电脑房态的显示中做好标记，不能再用作其他用途。
5. 有特殊要求的团队应提前在房间做好相应准备。

(二)团队接待相关表格

团队接待表格主要有以下几种：

1. 团队住宿登记表(见表 2-10)

表 2-10　　团队住宿登记表

编号：　　　　房号：　　　　房租：

团队名称			团队编号		
抵店时间			离店时间		
国　籍			人 数		
房　型			房 数		
房　价			付款方式		
特殊要求			陪同编号		
备　注					
房　号	姓名	性别	出生日期	国籍	证件号

2. 团队预付保证金收据(见表 2-11)

表 2-11　　团队预付保证金收据

团队预付保证金收据

Deposit Record　　　　No.

用于：________　　　　交款日期及时间：________

Prepay for：________________　　　　Date&Time：________________

住客或团队名称：________________

Guest/Group Name：________________________________

房号：________　　　　入住日期：________

Room No.：____________________　　　　Arr. Date：________________

保证金金额：________　　　　离店日期：________

Amount：____________________　　　　Dep. Date：________________

续表

金额大写：____万____仟____佰____拾____元____角____分
Amount：____________________________
用于预付：____________
Being prepaid for：____________________________
交款人 Prepaid by：____________
公司/旅行社/交款人：____________
Company/Agt/Gst Name：____________________________

请注意！

(1)饭店将核对交款人签名作为退款凭证；签名不符，恕不退款。
(2)交款人如欲委托他人代为退款，必须预先以书面委托信或亲自联络大堂经理说明情况。
(3)宾客退款时必须交回此单正本。
(4)饭店有权要求阁下出示身份证明。

ATTENTION!

(1)Hotel will only refund the deposit after verifying the signature(s).
(2)Should you wish to assign someone to obtain the deposit refund, please inform us in writing or contact our Front Office Assistant Manager.
(3)This original record must be presented at the time of refund.
(4)Proof of indentity may be requested by the hotel prior to any refund of deposit.

Deposit Paid by：　　　　　　　　Deposit Record by：
交款人签名 Guset Signature：　　　　服务员签名 Guest Service Officer：
____________________　　　　____________________

注意：1. 此表为无碳复写，一式两联。
　　　2. 白单交给宾客，黄单留给服务员。

三、实训内容

(一)物品准备

准备好电脑、打印机、团队信息资料、团队入住登记表、团队预分房报表、笔、团队入住通知单、房卡、钥匙等。

(二)课堂实训

◎练习一：指导教师介绍团队入住登记的操作要领并作示范，学生模拟练习。操作程序如下：

1. 确认预订

团队抵店前一天，核对团队的预订资料：房型、房数、人数、付款方式、离店日期等。

2. 预先分房

(1)给团队编号,在团队抵店当日所有空房中找到符合预订要求的房间并确认房号。

(2)制作团队预分房报表,上面注明团队名称及编号、抵离店时间、房号,并下发至礼宾部及客房部。

(3)在房态表中注明所有"预分房"。

(4)按照团队要求准备房卡、钥匙,在房卡上填写好姓名、房号、离店日期和团队编号,将所有房卡钥匙及预分房表放入注明团队编号的信封中。

(5)请当班负责人审核所有预分房工作。

3. 抵店接待

(1)主动与领队或导游联系,核对用房数、人数、离店时间、用餐情况等信息。

(2)如果团队提出临时增加或减少用房数量,应尽量满足,就费用增减问题联系销售部有关销售人员。

(3)团队要求增加陪同房的,按照饭店有关规定办理。

(4)将预分房报表及房卡、钥匙等交给领队或导游,请其根据预分房报表为团内的宾客分配房间,发放房卡、钥匙,同时向领队或导游索要团队信息资料。

4. 入住登记

(1)请领队、导游填写完整的入住登记单,并核对领队导游的有效证件。

(2)境外团队如持有团队签证,应由领队统一办理入住登记;如无团队签证,应由所有宾客分别填写入住登记单。大型团队可先进房,再填表,注意及时收回。

5. 确认信息

(1)同领队或导游确认付款方式,以现付方式结算的团队需交押金。

(2)同领队或导游确认团队日常接待要求细则,如早餐时间、叫醒时间、出行李的时间、退房时间等。

(3)制作团队入住通知单并签名,记下领队导游的联系电话。

(4)向导游说明用餐地点。

(5)请领队或导游提醒宾客贵重物品的保管及其他注意事项。

(6)请行李员引领宾客进房。

6. 入住资料的处理

(1)通知收银、客房、总机、礼宾该团队入住。

(2)将团队信息录入电脑。

(3)打印团队房间分配名单并签名,同时送总机、客房、餐饮、礼宾、收银各一份，前台接待留存一份。

(4)建立团队账单，在账单上填写团队名称、团号、抵离日期、所有房号、应付房费等内容，与登记单底联一起交收银处签收。

◎练习二：按照操作要领，学生 8～10 人为一组，每组选出 5 人，扮演接待员、领队或导游、宾客、行李员、接待主管，进行模拟训练。组内其他学生观摩并记录，每 5 人为一轮次，依次练习。练习后学生以小组为单位进行总结。

参考的分组练习场景：

1. 新星旅行社和天马旅行社的旅游团队在下午 3 点同时抵店，请模拟场景进行训练。

2. 中青旅的一个团队按时来到前台办理入住手续，但是团队导游提出由于团队增加了一人，需要多安排一个床位，请模拟场景进行训练。

3. 夕阳红旅行社的一个老年团如约抵店，30 位老年宾客在大堂等候，请模拟场景进行训练。

(三)课后练习

学生通过至少 4 学时的时间进行课后练习，掌握团队入住接待的基本操作程序，达到能够独立操作的目的。

四、考核标准

前厅团队入住接待实训考核表

项目	分数	要求和标准	细节配分	扣分	得分
确认预订	5	团队抵店前一天，核对团队的预订资料：房型、房间数、人数、付款方式、离店日期	5		
预先分房	15	给团队编号，在团队抵店当日所有空房中找到符合预订要求的房间并确认房号	5		
		制作团队预分房报表：团队名称及编号、抵离店时间、房号，并下发至礼宾部及客房部，在房态表中注明所有“预分房”	5		
		按照团队要求准备房卡、钥匙，在房卡上填写好姓名、房号、离店日期和团队编号，将所有房卡、钥匙及预分房表放入注明团队编号的信封中，请当班负责人审核所有预分房工作	5		

续表

抵店接待	15	主动与领队或导游联系，核对用房数、人数、离店时间、用餐情况等信息	5		
		如果团队提出临时增加或减少用房数量，应尽量满足，就费用增减问题联系销售部有关销售人员；团队要求增加陪同房的，按照饭店有关规定办理	5		
		将预分房报表及房卡、钥匙等交给领队或导游，请其根据预分房报表为团内的宾客分配房间，发放房卡、钥匙，同时向领队或导游索要团队信息资料	5		
入住登记	20	请领队、导游填写完整的入住登记单，并核对领队导游的有效证件	10		
		境外团队如持有团队签证，应由领队统一办理入住登记，如无团队签证应由宾客分别填写入住登记单；大型团队可先进房，再填表，注意及时收回	10		
确认信息	20	同领队或导游确认付款方式，以现付方式结算的团队需交押金	5		
		同领队或导游确认团队日常接待要求细则，如早餐时间、叫醒时间、出行李的时间、退房时间等	5		
		制作团队入住通知单并签名，记下领队导游的联系电话，向导游说明用餐地点	5		
		请领队或导游提醒宾客贵重物品的保管及其他注意事项，请行李员引领宾客进房	5		

续表

入住资料的处理	15	通知收银、客房、总机、礼宾该团队入住，将团队信息录入电脑	5		
		打印团队房间分配名单并签名，同时送总机、客房、餐饮、礼宾、收银各一份，前台接待留存一份	5		
		建立团队账单，在账单上填写团队名称、团号、抵离日期、所有房号、应付房费等内容，与登记单底联一起交收银处签收	15		
综合印象	10	站姿、走姿、坐姿标准，书写清楚，递接物品动作规范	5		
		举止优雅、大方、自然，注重礼貌礼节，面带微笑	5		
总计	100		100		

注意：1. 未着制服不允许进行考试；

2. 未进行预分房的成绩为零分；

3. 因考生失误或错误使得宾客未入住成功的成绩为零分。

实训项目四　问讯服务

一、实训要求

表 2-13　　问讯服务实训标准与要求

实训项目	问讯服务
实训时间	1 学时
实训目标	通过为宾客提供问讯服务（如回答宾客咨询、提供物品转交服务）的实训，掌握饭店前台员工应熟知的接受宾客咨询的工作程序、技巧和相应知识
实训标准与要求	1. 掌握前台问讯服务的范围及所需知识 2. 了解回答宾客咨询时的语言技巧和处理程序 3. 能够正确地为宾客提供物品转交服务，确保物品转交安全、有效、及时

续表

实训工具	笔、物品交接登记本、工作交接本、任意宾客物品、问讯资料夹(包括前台常用的问讯资料,如地图、电话黄页、航班表等)
教学方法	讲解和示范相结合
讲 授	物品转交服务及问讯服务的操作要点及注意事项
示 范	模拟示范物品转交服务的受理程序
练 习	学生按照教师所示范的程序分组反复练习
测试方法	情境模拟:操作符合服务规范,表单填写准确无误,操作程序无遗漏,能够确保宾客物品的完好,确保提供给宾客的信息准确、及时

二、知识点

(一)问讯处的业务范围

1. 回答宾客的咨询,提供准确的信息。

2. 做好留言服务。

3. 处理宾客的邮件。

4. 完成宾客委托代办的事情。

(二)问讯服务的基本要求

问讯处在饭店的中心位置,是饭店的主要信息源。问讯处作为客房销售的有力助手,还必须为宾客提供有关饭店设施服务项目的准确信息。有关饭店所在地的各种资料和重要活动,也都是宾客询问的内容。毋庸置疑,问讯处的信息越全面越能够满足宾客的需要。

1. 注意形象,推销饭店。问讯员必须对饭店形象负责,同时努力推销饭店的设施和服务。为提高工作效率,员工应对店内外常用信息熟练掌握。在对客服务过程中,应遵守微笑服务、百问不厌、严守保密制度的职业道德。

2. 准备好问讯资料。问讯处应准备大量的书面资料,做成资料夹,同时在电脑中储存备查资料,收藏好常用的查询网站地址,同时注意资料根据实际情况的变化和宾客的要求随时调整。

(三)问讯处信息资料准备

问讯员要熟悉和掌握以下信息:

1. 本饭店的组织结构、各部门的职责范围和有关负责人的姓名及电话。

2. 本饭店服务设施及饭店特色。

3. 本饭店的服务项目、营业时间及收费标准。

4. 饭店所在地大型医院的地址及急诊电话号码。

5. 本地各主要旅游观光景点、商场、购物中心的名称、特色及其与饭店的距离。

6. 饭店所在地与周边地区的距离及交通状况。

7. 饭店各部门的电话号码。

8. 客源地的风土人情、生活习惯及喜好、忌讳等。

9. 本地主要活动场所，如商业步行街、文体活动场所、交易会展馆等的地址及抵达方法。

10. 本地著名饭店、餐厅的经营特色、地址及电话。

11. 世界各主要城市的时差计算方法。

12. 当地使、领馆的地址及电话号码。

13. 当天的天气预报。

14. 当地航班、火车车次的咨询电话等。

（四）物品转交服务注意事项

1. 接受宾客转交物品时，要注意易腐烂、易爆、易燃、贵重物品和现金不予转交。物品暂存或递送服务可由前台接待员、礼宾员、大堂副理等完成。

2. 宾客物品转交可分为访客转交物品给住店宾客和住店宾客转交物品给店外宾客两种。无论哪种类型的宾客物品转交，服务员在办理时都应注意做好相关记录和交接工作。

3. 在物品交接过程中，要注意保存好留物人及取物人的联系方式，对于超过约定时间无人领取的物品，可联系宾客前来领取。对于长时间无人领取的物品，可按宾客遗留物品来处理，不可未经宾客允许私自将物品丢弃、变卖或挪用。

4. 当宾客前来领取物品时，注意检查取物人的证件，确保物品转交的安全性，同时请宾客签收。

三、实训内容

（一）物品准备

准备好笔、物品交接登记本、工作交接本、任意宾客物品、问讯资料夹（包括前台常用问讯资料，如当地交通地图、电话黄页本、飞机航班表、列车时刻表等）。

（二）课堂练习

◎练习一：指导教师介绍问询服务的操作要领并作示范，学生模拟练习。

1. 微笑向宾客问好，表示欢迎，以敬语称呼宾客，并表示乐于为其提供服务。

2. 认真倾听宾客的查询内容，必要时做记录。

3. 迅速查询资料。

4. 及时给宾客答复，对熟悉的问题随问随答，对不清楚的查询后回答；对一时查不到的，应记下宾客的姓名、房号及查询内容，回复宾客并致歉。注意语言表述清楚、简洁、准确、及时。

◎练习二：指导教师介绍宾客物品转交的操作要领并作示范，学生模拟练习。

1. 礼貌询问宾客要转交的物品种类，查实是否为不能转交的物品。

2. 详细询问宾客姓名、取物人姓名、联系方式、取物时间、物品名称及数量。

3. 填写物品寄存登记记录，详细记录并核对所有信息。

4. 收取并检查物品，将物品妥善保管。

5. 取物时，查实取物人身份。

6. 将物品转交宾客并请宾客签收，做好记录。

◎练习三：按照操作要领，学生 5 人为一组，其中 3 人分别饰演接待员和两名宾客，其余两人观摩；练习一次后，轮换角色进行练习。练习结束后进行分组总结。

参考的分组练习场景：

1. 春节将至，来自青岛的李经理到济南出差，顺便带来几箱海鲜，要送给客户尝尝鲜，因到饭店时间已晚，不能将物品送出，而第二天又赶着回去，遂要求服务员帮忙转交，请设计场景训练。

2. 饭店 3309 室的宾客称自己有事将外出，要求你将一包图书转交给他的一位朋友，并说朋友大约 40 分钟后来取。请模拟场景进行训练。

3. 一位访客带来两份礼品送给 4111 室的宾客，恰巧宾客不在，请设计物品转交的服务场景进行训练。

（三）课后练习

学生通过至少 2 学时的时间进行练习，掌握宾客物品转交和问讯服务的基本操作程序，达到能够独立操作的目的。

四、考核标准

表 2-14　　　　　　　　　　前厅问询服务实训考核表

<table>
<tr><th>项目</th><th>分数</th><th>要求和标准</th><th>细节配分</th><th>扣分</th><th>得分</th></tr>
<tr><td rowspan="4">市内概况咨询</td><td rowspan="4">40</td><td>微笑向宾客问好，表示欢迎，以敬语称呼宾客，并表示乐于为其提供服务</td><td>5</td><td></td><td></td></tr>
<tr><td>认真倾听宾客的查询内容，必要时做记录</td><td>10</td><td></td><td></td></tr>
<tr><td>迅速查询资料</td><td>10</td><td></td><td></td></tr>
<tr><td>及时给宾客答复，对熟悉的问题随问随答，对不清楚的查询后回答，对一时查不到的，应记下宾客的姓名、房号及查询内容，回复宾客并致歉。注意语言表述清楚、简洁、准确、及时</td><td>15</td><td></td><td></td></tr>
<tr><td rowspan="6">物品转交服务</td><td rowspan="6">50</td><td>礼貌询问宾客要转交的物品的种类，查实是否为不能转交的物品</td><td>5</td><td></td><td></td></tr>
<tr><td>详细询问宾客姓名、取物人姓名、联系方式、取物时间、物品名称及数量</td><td>10</td><td></td><td></td></tr>
<tr><td>填写物品寄存登记记录，详细记录并核对所有信息</td><td>10</td><td></td><td></td></tr>
<tr><td>收取并检查物品，将物品妥善保管</td><td>5</td><td></td><td></td></tr>
<tr><td>取物时，查实取物人身份</td><td>10</td><td></td><td></td></tr>
<tr><td>将物品转交宾客并请宾客签收，做好记录</td><td>10</td><td></td><td></td></tr>
<tr><td rowspan="2">综合印象</td><td rowspan="2">10</td><td>站姿、走姿、坐姿标准，书写清楚，递接物品动作规范</td><td>5</td><td></td><td></td></tr>
<tr><td>举止优雅、大方、自然，注重礼貌礼节，面带微笑</td><td>5</td><td></td><td></td></tr>
<tr><td>总计</td><td>100</td><td></td><td>100</td><td></td><td></td></tr>
</table>

注意：1. 未着制服不允许进行考试；

2. 未进行物品转交记录和未查验取物人身份的成绩为零分；

3. 在为宾客提供服务过程中表现散漫、不耐烦，或对宾客咨询的问题、提出的要求未作反应的成绩为零分。

实训项目五　散客行李服务

一、实训要求

表 2-15　　散客行李服务实训标准与要求

实训项目	散客行李服务
实训时间	1 学时
实训目标	通过为宾客提供行李服务(如散客入店行李服务、行李寄存服务)的实训,掌握饭店礼宾部员工应具备的接受宾客咨询的工作程序、技巧和相应知识
实训标准与要求	1. 掌握礼宾部工作的范围及所需知识 2. 掌握散客行李入店服务程序、为宾客介绍客房设施的技巧 3. 掌握散客行李寄存服务的程序及特殊情况的处理
实训工具	笔、行李牌、行李寄存登记本、行李、模拟礼宾台、模拟客房、模拟前台、房卡、行李车
教学方法	讲解和示范相结合
讲　授	散客行李服务的操作要点及注意事项
示　范	模拟示范散客入店行李服务与行李寄存服务的程序
练　习	学生按照教师所示范的程序分组反复练习
测试方法	情景模拟:操作符合服务礼仪规范,表单填写准确无误,操作程序无遗漏、无重大错误,确保宾客行李安全,运送及时

二、知识点

行李服务是前厅服务的一项重要内容,由行李员负责提供,主要内容包括宾客行李搬运和行李保管服务。详细划分则可分为宾客入店行李服务、宾客离店行李服务、换房行李服务、行李寄存服务、邮件物品递送服务等。

(一)散客行李入店服务

1. 行李员主动迎接抵达饭店的宾客,为宾客打开车门,请宾客下车,并致亲切问候。如图 2-4 所示。

图 2-4　开车门服务

2. 从出租车内取出宾客行李(如遇易碎或贵重物品应妥善搬运),请宾客确认行李件数,以免遗漏。

3. 迅速引导宾客进店,到前台进行入住登记。

4. 行李员引导宾客至前台,把行李放置在离前台 4 米左右的地方,系好本店行李牌,双手背后站立在行李后方,直到宾客办理完入住登记手续。

5. 对于住在行政楼层的宾客,直接引导宾客至行政楼层办理入住手续,帮助宾客搬开并放好登记台前的坐椅,请宾客入座,退后 3～4 米,站立等候宾客办完手续。

6. 宾客办理完入住登记手续后,行李员从接待员手中接过客房钥匙,清晰地将房间号码登记在行李牌上。

7. 如果几位宾客同时入店,应在办理完手续后,请每位宾客逐件确认行李,在行李牌上写清宾客的房间号码,并婉转地告诉宾客可在房间等候,然后迅速将行李送入其房间。

8. 引导宾客至电梯厅,并在途中向宾客介绍饭店设施和服务项目,使宾客初步了解饭店,然后按叫电梯。

9. 电梯到达,请宾客先进电梯间,并为宾客按下相应楼层示意键,然后将行李提进电梯,靠边放置。在电梯行进过程中,继续向宾客介绍饭店有关情况,回答宾客问询。

10. 电梯到达目的楼层后,请宾客先出电梯,行李员随后赶上,走在宾客之前引领宾客进入客房。

11. 引导宾客到达房间,把行李放在房门外左侧,简短地向宾客介绍紧急出口及宾客房间在饭店内的位置。

12. 开门之前向宾客介绍如何使用客房钥匙。

13. 按照规定程序为宾客打开房门，介绍电源开关，并取电。

14. 请宾客首先进入房间，行李员进入后把行李放在行李架上，帮宾客把脱下的外衣及需挂放的物品挂入壁柜内，并打开或拉上窗帘。

15. 向宾客介绍如何使用电视和收看各频道节目及饭店内提供的节目。

16. 向宾客介绍电话使用方法，店内各主要服务部门的电话号码，及空调、收音机、床头灯开关等电器设备设施；向宾客介绍卫生间内设施，提醒宾客注意电源的使用；向宾客介绍店内的洗衣服务及电话号码。如图 2-5 所示。

图 2-5　房间介绍

17. 介绍完毕，把房卡归还宾客，并询问宾客是否还有其他要求，最后祝愿宾客居住愉快。

18. 回到行李台做好登记，记录房号、行李件数、时间等（见表 2-16）。

表 2-16　**散客行李（入店/出店）登记表**

日期(Date)：

房号 (Room NO.)	上楼时间 (Up Time)	件数 (Pieces)	迎接行李员 (Porter)	出行李时间 (Departure Time)	离店行李员 (Porter)	车牌号码 (Taxi NO.)	备注 (Remarks)

（二）行李寄存服务

1．对寄存行李的要求

（1）行李房不寄存现金、金银手饰、珠宝、玉器以及护照等身份证件。上述物品应礼貌地请宾客自行保管，或放到前厅收款处的保险箱内免费保管。已办理退房手续的宾客如想使用保险箱，须经大堂副理批准。

（2）饭店及行李房不得寄存易燃、易爆、易腐烂或有腐蚀性的物品。

（3）不得存放易变质食品、易碎仪器及易蛀物品。如宾客坚持要寄存，则应向宾客说明饭店不承担赔偿责任，并做好记录，同时在易碎物品上挂上"小心轻放"的标牌。

（4）如发现枪支、弹药、毒品等危险物品，要及时报告保安部和大堂副理，并保护现场，防止发生意外。

（5）不接受宠物寄存。一般饭店不接受带宠物的宾客入住。

（6）提示宾客行李上锁。对未上锁的小件行李须在宾客面前用封条将行李封好。如图 2-6 所示。

图 2-6　行李寄存

2．建立行李房管理制度

（1）行李房是为宾客寄存行李的重地，严禁非行李房人员进入。

（2）行李房钥匙由专人看管。

（3）做到"人在门开，人离门锁"。

（4）行李房内严禁吸烟、睡觉、堆放杂物。

（5）行李房要保持清洁。

（6）寄存行李要摆放整齐。

（7）寄存行李上必须系有"行李寄存单"。

3. 行李寄存服务的程序

(1)有礼貌地询问宾客是否需要寄存行李，确认行李在可以寄存的物品之列，并请宾客出示房卡，帮助宾客填写行李寄存牌上的项目。

(2)向宾客询问需寄存行李的件数、提取行李的时间，并亲自在行李寄存单上联为宾客填写清楚。

(3)请宾客填写行李寄存单下联，须写清日期、姓名、房间号码。见表 2-17。

表 2-17　　行李寄存单

行李寄存单(饭店联)

姓名(Name)

房号(Room No.)

行李件数(Luggage)

日期(Date)　　　　时间(Time)

宾客签名(Guest's Signature)

行李员签名(Bellboy's Signature)

……………………………………………………………………

行李寄存单(顾客联)

姓名(Name)

房号(Room No.)

行李件数(Luggage)

日期(Date)　　　　时间(Time)

宾客签名(Guest's Signature)

行李员签名(Bellboy's Signature)

(4)行李员同时在单据上写清自己的姓名，将下联收据撕下递给宾客，并提醒宾客凭此证提取行李。

(5)将短期寄存的行李存放在行李房外侧，以便搬运；将长期寄存的行李存放在行李房里面的行李架上，如一位宾客有多件行李，应用绳连起以免错拿。

(6)在行李寄存登记本上登记所存行李情况，标明位置、件数、日期、颜色及存放人姓名和寄存牌编号，如有特殊物品或易碎物品，应做明显标志。

(三)行李领取服务

1. 礼貌地收回宾客寄存行李单的下联收据。

2. 礼貌地向宾客询问行李的颜色、大小及存放时间，以便查找。

3. 根据收据上的编号，翻查行李存放登记本，找到行李；如果查找有困难，可请宾客帮助查找。

4. 把行李取出后，交给宾客核实，确认后撕掉行李上的寄存牌和宾客的寄存收据，划去行李存放登记本上的原始记录。

5. 帮助宾客将行李搬运出店或送到房间。

6. 如遇宾客遗失行李卡，应报告当班领班，通过检验宾客身份（可请宾客出示房卡或身份证件），核实无误后，经宾客签字后方可领取。

三、实训内容

（一）物品准备

包括笔、行李牌、行李寄存登记本、行李、模拟礼宾台、模拟客房、模拟前台、房卡、行李车。

（二）课堂实训

◎练习一：指导教师介绍散客入店行李服务的操作要领并作示范，学生模拟练习。具体步骤及要求：

1. 为宾客开车门，礼貌问候，表示欢迎。

2. 帮助宾客从车上拿下行李，并清点行李，提醒宾客保管好贵重及易碎物品。

3. 引领宾客办理登记手续。

4. 引领宾客入客房，作房间设施介绍。

5. 将行李放在适当的位置上，礼貌道别离开，返回礼宾台登记房号、行李件数及时间。

◎练习二：指导教师介绍散客行李寄存服务的操作要领并作示范，学生模拟练习。

1. 礼貌地询问宾客是否为住店宾客，非住店宾客不予寄存。（请宾客出示房卡）

2. 问清宾客行李中是否有违禁、贵重或易碎等不易寄存的物品。

3. 填写行李寄存卡，请宾客签字，并将寄存卡的下联交由宾客保管，提醒宾客妥善保管以便提取行李之用。

4. 在行李寄存登记本上记录寄存时间、件数、宾客姓名、房号及寄存卡号等。

5. 寄存的行李应有秩序地放好，以免领取时错拿。一位宾客寄存多件物品时，应用绳子将物品串起来，避免发生遗漏。

◎练习三：指导教师介绍散客行李领取服务的操作要领并作示范，学生模拟练习。

1. 礼貌请宾客出示行李寄存卡，并进行检查。如宾客寄存卡丢失，应请宾客出示身份证件及房卡，并要求宾客签收。

2. 将行李从行李房中提取交予宾客，并确认无误。

3. 把寄存卡的上、下联订在一起存档。

◎练习四：按照操作要领，学生 5 人为一组，其中 3 人分别饰演接待员、行李员和宾客，其余两人观摩；练习一次后，轮换角色进行练习。练习结束后进行分组总结。

参考的实训分组练习场景：

1. 饭店 3206 房间的宾客到礼宾部要求提取其寄存的行李，但是行李寄存卡却找不到了，请模拟情景练习。

2. 一位宾客乘车前来入住，请模拟场景为其提供散客入店行李服务。

3. 饭店 3305 室的宾客到礼宾处要求寄存一件行李，请模拟行李寄存服务场景进行训练。

（三）课后练习

通过至少 4 学时的时间进行练习，掌握行李服务的基本操作程序，达到能够独立操作的目的。

四、考核标准

表 2-18　　前厅行李服务实训考核表

项目	分数	要求和标准	细节配分	扣分	得分
散客行李入店	35	礼貌问候，表示欢迎	5		
		清点行李，提醒宾客保管好贵重及易碎物品，引领宾客办理登记手续	10		
		引领宾客入客房，作房间设施介绍	10		
		将行李放在适当的位置上，礼貌道别离开，返回礼宾台登记宾客房号、行李件数及时间	10		

续表

散客行李寄存	35	问清宾客是否为住店宾客，非住店宾客不予寄存（请宾客出示房卡）	5		
		问清宾客行李中是否有违禁、贵重或易碎等不易寄存的物品	5		
		填写行李寄存卡，请宾客签字，并将寄存卡的下联交由宾客保管，提醒宾客妥善保管以便提取行李之用，在行李寄存登记本上记录寄存时间、件数、宾客姓名、房号及寄存卡号等	15		
		寄存的行李应有秩序地放好，以免领取时错拿；一位宾客寄存多件物品时，应用绳子将物品串起来，避免发生遗漏	10		
行李领取	20	礼貌地请宾客出示行李寄存卡，并进行检查；如宾客寄存卡丢失，应请宾客出示身份证件，并要求宾客签收	10		
		将行李从行李房中提取交予宾客，并确认无误，把寄存卡的上、下联订在一起存档	10		
综合印象	10	仪态大方、自然，注重礼貌礼节，面带微笑	5		
		站姿、走姿、手势等规范、标准	5		
总计	100		100		

注意：1. 未着制服不允许进行考试；

2. 未填写行李牌成绩为零分；

3. 因考生失误或错误使得宾客行李损坏、丢失的成绩为零分。

实训项目六　散客离店服务

一、实训要求

表 2-19　　散客离店服务实训标准与要求

实训项目	散客离店服务
实训时间	1 学时
实训目标	通过为宾客提供离店结账服务的实训，掌握饭店前台收银处应具备的相应知识和结账服务程序
实训标准与要求	1. 掌握前台收银处所需知识 2. 掌握散客离店结账服务程序 3. 掌握散客离店结账服务中特殊情况的处理
实训工具	笔、房卡钥匙、电脑、打印机、模拟前台、押金单、账单、发票
教学方法	讲解和示范相结合
讲　授	散客离店结账服务的操作要点及注意事项
示　范	模拟示范散客离店结账服务的程序
练　习	学生按照教师所示范的程序分组反复练习
测试方法	情景模拟：操作符合服务礼仪规范，表单填写准确无误，操作程序无遗漏、无重大错误，在规定的 3 分钟内完成

二、知识点

住店宾客每天都同饭店各部门发生各种各样的业务交易，如住宿、饮食、洗衣、长途电话等，宾客在使用这些设施和享受服务后，不必马上支付费用，而是被饭店允许在离店时一次性结账。也就是说，宾客在入住时预付保证金(押金)，饭店使宾客享有在饭店营业点签单消费的权利，账单则汇集到前厅收银处，待宾客退房时一并结账。

(一)饭店前台收银员岗位职责

前台收银处是与接待处密切配合的一个班组，目前在许多饭店中，虽然收银员的业务管理属于饭店财务部，但接待与收银都要了解对方岗位的工作流程，这样才能更好地配合，为宾客提供更完善的服务。

1. 服从前台领班的工作安排，按规定的程序与标准向宾客提供一流的接待服务。

2. 认真地进行交接班工作，不清楚的地方要及时提出，备用金班班交接，前账不清后账不接。

3. 做好班前准备，认真检查电脑、打印机、计算器、验钞机、信用卡 POS 机、制卡机、扫描仪等设备工作是否正常，并做好清洁保养工作。

4. 掌握房态和客房情况，积极热情地推销客房，了解当天预订预离宾客及会议、宴会通知，确认其付款方式，以保证入住和结账准确无误。

5. 快速准确地为宾客办理入住及退房等手续，及时调整延迟退房、换房时的宾客账务。

6. 准确熟练地收点宾客现金、支票，打印宾客各项收费账单，及时，准确地为宾客结账并根据宾客的合理要求开具发票。

7. 熟练掌握饭店的相关知识，严格遵守各项制度和操作程序。

8. 制作、呈报各种报表报告。

9. 每日收入现金必须切实执行“长缴短补”的规定，不得以长补短。

10. 切实执行外汇管理制度，不得套取外汇，也不得私自兑换外汇，并负责监督员工遵守外汇管理制度。

11. 为宾客提供所需要的信息，热情、周到、细致地帮助宾客解决各种问题。

12. 每天收入的现款、票据必须与账单核对相符，并按不同币种、不同票据分别填写在缴款袋上。

13. 妥善处理宾客的投诉，当不能解决时，及时请示上级主管。

14. 备用金不得以白条抵库。未经批准，不得将营业收入现金借给任何部门和个人。(饭店总经理因特殊情况可在前台借取现金，但应办理相关手续。)

15. 协调好同事之间的关系，更好地做好对客服务工作。

16. 在授理信用卡和支票结账业务时，必须严格按照信用卡、支票操作程序执行。

17. 严格按照账务规定处理各种记账。服从上级主管的安排，认真完成任务。

18. 员工应熟练掌握饭店长住宾客协议及各单位合同，特别是折扣和挂账协议。

19. 正确处理宾客的留言、邮件等。

20. 每天整理"离店账未平"宾客账务，对非正常情况进行汇报。

21. 严格遵守现金和票据管理制度。

22. 做好领用贵重物品保险柜钥匙和进出贵重物品保险室的登记记录。

23. 做好柜台的清洁工作及终端机的维护保养。

24. 密切注意大堂的情况，如有异常及时向上级主管和安全部汇报。

25. 做好本岗位的清洁卫生。

26. 电脑密码妥善保管，一人一个，不许共用。

(二)宾客结账时前厅部的准备工作

1. 接待处提前一天准备好"次日离店宾客名单"，并将该名单分发至客房、总机、预订、礼宾等相关部门。该名单按客房顺序排列，清楚交代宾客的房号、姓名、入住日期等。

2. 前厅收银处需根据离店宾客名单，将这些房间的宾客账单准备好。

3. 问讯处的准备工作：需详细检查宾客的邮件及留言，及时转交给宾客。

4. 电话总机的准备工作：根据"次日离店宾客名单"，一方面查看有无电话费的转账，另一方面跟催宾客叫醒服务情况。

(三)结账付款方式

1. 现金结算

(1)外币现金。宾客所付外币一定要是在我国银行或指定机构可兑换的外币，然后根据当天的银行汇率折算。

(2)人民币现金。如果宾客用现金付款，应注意验钞。

(3)支票。注意检查支票的真伪及证明内容和背书情况，辨别已停止使用的旧版支票。

2. 信用卡结算

若宾客入住时已压印信用卡签购单，则应遵循以下程序：

(1)请宾客出示信用卡，与预先刷下的签购单核对，确认信用卡的有效期。

(2)检查宾客的消费金额是否超过该信用卡的最高限额。

(3)请宾客确认账单，并签名。

(4)在签购单上填写日期、证件、商户代号、消费金额、授权编号等内容。

(5)请持卡人签名。

若宾客改变原入住付款方式，改用信用卡支付，则应按宾客入住时规定的信用卡验卡程序操作，然后按信用卡结账程序处理。验卡程序如下：

(1)看是否属于饭店受理的信用卡。

(2)辨别信用卡的真伪，检查信用卡的整体状况是否完整无缺，有无任何涂改、损坏痕迹。检查防伪反光标志和信用卡号码。

(3)确认信用卡有效期。

(4)查阅信用卡黑名单。

(5)人民币信用卡应先请宾客在签购单上签名,外汇信用卡通过 POS 机查支付。

3. 挂账

饭店出于促销和方便宾客的目的,会允许一些大公司、旅行社为其宾客的消费采用转账方式支付。这种支付方式可以简化宾客的抵离店手续,同时可促使这些大公司、旅行社为饭店带来更多的客源。采取转账方式的前提是要对对方的信用情况、财务状况有详细的了解,然后以合同的方式给予法律上的支持。只有饭店财务允许的单位和个人才能挂账,一般宾客不允许挂账。

三、实训内容

(一)物品准备:

准备好笔、房卡钥匙、电脑、打印机、模拟前台、押金单、账单、发票等。

(二)课堂练习

◎练习一:指导教师介绍散客结账的操作要领并作示范,学生模拟练习。具体步骤及要求如下:

1. 主动问候来到前台的宾客,并询问有何需要帮助,是否退房。

2. 请宾客出示房卡,在电脑中核对宾客房号和姓名,并收取宾客的钥匙。

3. 根据房号通知客房楼层或房务中心该房间宾客退房,请其查房。

4. 通知收银处该宾客结账。

5. 协助收银员查看电脑账户信息,确认宾客的消费金额是否准确。

6. 协助收银员核查宾客有无代付、转账记录及其他注意事项。

7. 如客房部未及时回复查房结果,应电话催报。同时核查宾客短时间内有无签单和客房消费品使用。

8. 待客房部回复查房结果后开始为宾客办理结账手续。如客房有物品丢失,请宾客配合寻找;如果有物品损坏,请宾客赔付。

9. 查验宾客结账单。

10. 办理电脑退房手续。

11. 收回宾客房卡钥匙后退还押金,并收回押金条。

12. 检查有无该宾客的留言或邮件,如有则转交给宾客,并请宾客签收。

13. 询问宾客是否需要行李服务、出租车服务、预订房间服务等。

14. 感谢宾客的入住,欢迎其下次光临。

15. 将宾客资料归入“当日退房”档案资料。

16. 将入住登记表统一归档。

17. 根据要求制作客史档案。

◎练习二：按照操作要领，学生两人为一组，分别饰演接待员（收银员）和宾客，练习一次后，轮换角色进行练习。

参考的实训分组练习场景：

1. 饭店 816 室张明先生于下午 2 点整到前台退房，请模拟场景练习。

2. 饭店 605 室的李丽小姐于中午 12 点前到前台退房，但客房查房结果是房间不见了一件浴袍，请模拟场景练习。

（三）课后练习

通过至少 4 学时的时间进行练习，掌握散客结账服务的基本操作程序，达到能够独立操作的目的。

四、考核标准

表 2-20　　散客离店服务实训考核表

项目	分数	要求和标准	细节配分	扣分	得分
问候宾客	5	主动问候来到前台的宾客，并询问有何需要帮助，请宾客出示房卡，在电脑中核对宾客房号和姓名，并收取宾客的钥匙	5		
通知查房	10	根据房号通知客房楼层或房务中心该房间宾客退房，请其查房	10		
核查账户	25	通知收银处该宾客结账	5		
		协助收银员查看电脑账户信息，确认宾客的消费金额是否准确	10		
		协助收银员核查宾客有无代付、转账记录及其他注意事项	5		
		如客房部未及时回复查房结果，应电话催报，同时协助收银员核查宾客短时间内有无签单和客房消费品使用	5		

续表

确认付账	10	待客房部回复查房结果后开始为宾客办理结账手续。如客房有物品丢失，请宾客配合寻找；如果有物品损坏，请宾客赔付	10		
办理退房	20	查验收银处提供的宾客结账单，办理电脑退房手续	7		
		收回宾客房卡钥匙后，退还押金，并收回押金条	8		
		检查有无该宾客的留言或邮件，如有则转交给宾客，并请宾客签收	5		
送客	10	询问宾客是否需要行李服务、出租车服务、预订房间服务等	5		
		感谢宾客的入住，欢迎其下次光临	5		
完善客史档案	10	将宾客资料归入“当日退房”资料	5		
		将入住登记表统一归档，根据要求制作客史档案	5		
合印象	10	站姿、走姿、坐姿标准，书写清楚，递接物品动作规范	5		
		举止优雅、大方、自然，注重礼貌礼节，面带微笑	5		
总计	100		100		

注意：1. 未着制服不允许进行考试；

2. 未收回宾客押金单的成绩为零分；

3. 未与宾客核对账单、未请宾客签字的，成绩为零分。

实训项目七　商务中心服务

一、实训要求

表 2-21　　商务中心服务实训标准与要求

实训项目	商务中心服务
实训时间	1学时
实训目标	通过为宾客提供商务服务的实训，掌握饭店商务中心员工应熟知的接待宾客商务服务的工作程序和相应知识
实训标准与要求	1. 掌握商务中心工作的范围及所需知识 2. 掌握打印、复印等基本商务服务程序 3. 掌握商务服务中特殊情况的处理
实训工具	笔、收款单、电脑、打印机、计算器、文件等
教学方法	讲解和示范相结合
讲　授	商务服务的操作要点及注意事项
示　范	模拟示范商务服务的程序
练　习	学生按照教师所示范的程序分组反复练习
测试方法	情景模拟：操作符合服务礼仪规范，表单填写准确无误，操作程序无遗漏、无重大错误，确保宾客文件的保密性及完好程度，能及时、准确地为宾客做好相应服务

二、知识点

(一)商务中心的服务项目

商务中心(Business Center)是饭店为宾客进行商务活动提供相关服务的部门。许多商务宾客在住店期间要安排许多商务活动，需要饭店提供相应的信息传递和秘书等服务。为方便宾客，饭店一般在大堂附近设置商务中心，专门为宾客提供商务服务。

商务服务内容包括打字、复印、传真、会议服务(包括会议室出租、会议记录等)、翻译、票务、网络服务、委托代办、办公设备出租等业务。

(二)商务中心的服务程序

商务中心的服务项目很多,各项业务相差很大,但其服务程序却有许多共同点,概括起来其服务程序可分为迎客、了解宾客需求、介绍收费标准、业务受理、结账和送客6个方面。

1. 打印服务程序

打印是商务中心常见的服务项目,宾客往往要求将写好的文稿用计算机打印成字迹清楚的印刷体文件。其服务程序是:

(1)主动迎接宾客。当宾客走进商务中心时,应主动、礼貌地问候。如遇自己正在忙碌,应向宾客表示歉意,并请宾客稍候。

(2)了解宾客要求。向宾客了解文稿的打印要求,包括排版要求、纸张规格、打印数量等。迅速浏览文稿,对文稿不清楚的地方,礼貌地向宾客询问清楚。

(3)接受打印。向宾客说明交费标准,告知完成打印后的交件时间。

(4)校稿。打字完毕认真校对一遍。请宾客校审,按宾客要求进行校正。

(5)交件收费。按要求进行打印、装订,请宾客查收,征求宾客意见后删除电脑中的文件,将作废的稿件放入碎纸机。按规定计算费用,办理结算手续。

(6)送客。面带微笑向宾客致谢,并道别。

2. 复印

复印是将宾客交给的文稿按其要求用复印机进行复制。其服务程序是:

(1)主动迎接宾客。看到宾客进入商务中心,服务人员应立即起身,面带微笑,问候宾客,表示愿意为其提供服务。

(2)了解宾客的要求。向宾客问清复印的数量和规格,并介绍复印收费标准。

(3)复印。调试好机器,首先复印一份,征得宾客同意后,再按要求数量进行复印。如图2-7所示。

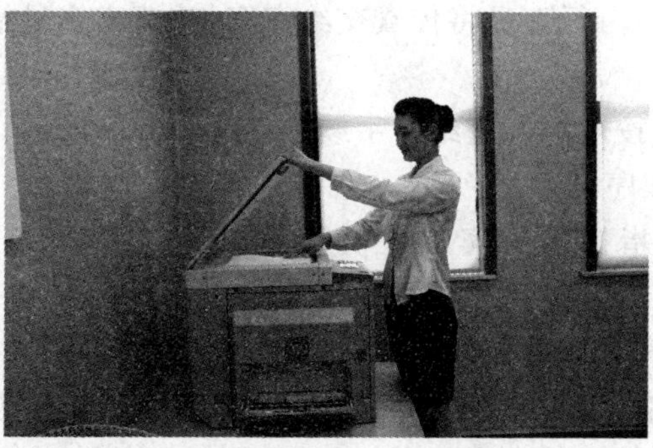

图2-7　商务中心服务

(4)交件收费。将复印文件装订好后,连同原稿一起双手送给宾客,然后按规定价格计算费用,办理结账手续。

(5)送客。微笑与宾客道别,将宾客送至商务中心门口。

3. 传真服务

传真服务可分为发送传真和接收传真两种服务。

(1)发送传真服务程序。

①主动迎接宾客。

②了解其发送传真的有关信息。

③主动向宾客问清传真要发往的国家和地区,并认真核对发往国家和地区的电话号码。

④主动向宾客介绍传真收费标准。

⑤发送传真。

⑥认真核对宾客交给的稿件,将传真稿件装入发送架内,用电话机拨通对方号码,听到可以传送的信号后,按发送键将稿件发出。

⑦将原稿送还宾客,按规定办理结账手续。

⑧向宾客致谢道别。

(2)接收传真服务程序。接收传真分为两种情况:一是宾客直接到商务中心要求接收传真;二是接收到传真,要将传真送交宾客。对第一种情况,接待员应主动热情地帮助宾客,并按规定收取费用。对第二种情况,其服务程序是:

①接收传真。接到对方传真要求,给出可以发送的信号,接收对方传真。

②核对传真。认真检查传真的字迹是否清楚,页面是否完整,然后核对传真上宾客的姓名、房号,填写传真接收记录,将传真装入传真袋。

③派送传真。通知宾客取件,或派行李员送交传真。行李员送交传真的程序是:将传真及传真收费通知单交给行李员(有时交给楼层服务员),请行李员在传真取件单上签名,由行李员将传真交给宾客,并请宾客付款或在收费通知单上签名。

④账务处理。按规定办理结账手续。

4. 票务服务程序

票务服务,是指饭店为宾客提供订购飞机票、火车票等服务。其服务程序是:

(1)主动迎接宾客。

(2)了解订票信息。向宾客了解并记录订购飞机票(或火车票)的日期、班次、张数、到达的目的地及座席要求。

(3)了解航班情况。向相关票务中心了解是否有宾客需要的航班票。如没有，则须问清能订购的最近航班，并向宾客进行推荐。

(4)订票。向宾客介绍服务费收费标准、票价订金收取办法。当宾客确定航班后，查阅宾客证件和期限，请宾客在订票单上签字并收取订金，向宾客说明最早的拿票时间。送走宾客后，向相应票务中心订票。

(5)送票。拿到票务中心送来的飞机票(火车票)后，根据订票单上的房号或宾客的通信地址通知宾客取票，并提醒宾客飞机起飞(火车开车)时间。对重要宾客，由行李员直接送交宾客。

(6)按规定办理结账手续。

(7)向宾客致谢道别。

5. 网络服务程序

随着网络的发展，上网、收发电子邮件的业务越来越普遍。网络服务就是指为宾客收发电子邮件、提供计算机上网等电子商务服务，其中发电子邮件是比较常见的服务。其服务程序是：

(1)主动迎接宾客。

(2)了解宾客需求，并向宾客介绍电脑网络情况及收费标准。

(3)根据宾客的要求为宾客打开电脑，连接网络，请宾客自行使用或按照宾客要求提供必要的帮助。需要注意的是，当宾客自带 U 盘或其他存储器时，首先应对其进行杀毒处理。

(4)按规定办理结账手续。

(5)向宾客致谢并道别。

6. 翻译服务程序

翻译，一般分为笔译和口译两种。两种服务除服务内容和收费计算方式有所区别外，其服务受理程序基本相同。笔译服务的程序如下：

(1)主动迎接宾客。

(2)向宾客了解翻译的相关信息。向宾客核实要翻译的稿件，问明宾客的翻译要求和交稿时间。迅速浏览稿件，对不明白或不清楚的地方应礼貌地向宾客问清。

(3)翻译受理。向宾客介绍翻译的收费标准。当宾客确定受理时，记清宾客的姓名、房号和联系方式，礼貌地请宾客在订单上签字并支付翻译预付款。送走宾客后，联系翻译人员翻译文稿。

(4)交稿。接到翻译好的文稿后通知宾客取稿。如宾客对稿件不满意，可请译者修改或与宾客协商解决。

(5)办理结账手续。

(6)向宾客致谢并道别。

7. 洽谈会议室出租服务程序

根据我国2010版《旅游饭店星级的划分与评定》规定，四星级以上饭店应有至少两种规格的会议设施，配备相应设施并提供专业服务。洽谈室服务包括洽谈室出租及宾客会议洽谈期间的服务两部分。其服务程序是：

(1)主动迎接宾客。

(2)了解洽谈需要的相关服务。向宾客详细了解洽谈室使用的时间、参加的人数、服务要求(如座席卡、热毛巾、鲜花、水果、点心、茶水、文具等)、设备要求(如投影仪、白板等)等信息。

(3)出租受理。主动向宾客介绍洽谈室的出租收费标准。当宾客确定租用后，按规定办理洽谈室预订手续。

(4)洽谈室准备。提前半小时按宾客要求准备好洽谈室，包括安排好座席、文具用品、茶具用品、茶水及点心，检查会议设施、设备是否正常。如图2-8所示。

图2-8 会议室服务

(5)会议服务。当宾客来到时，主动引领宾客进入洽谈室，请宾客入座。按上茶服务程序为宾客上茶，会议中每隔15～20分钟为宾客续一次茶。如宾客在会议中提出其他商务服务要求，应尽量满足。

(6)结账。会议结束，礼貌地送走与会宾客，然后按规定请会议负责人办理结账手续。

(7)向宾客致谢并道别。

(8)打扫洽谈室。

三、实训内容

(一)物品准备

准备好笔、收款单、电脑、打印机、计算器、文件等。

(二)课堂练习

◎练习一：以打印服务或复印服务为例，指导教师介绍操作要领并作示范，学生模拟练习。

1. 迎接宾客，向宾客问好，表示欢迎，以敬语称呼宾客，并表示乐于为其提供服务。例如："上午好，王先生，欢迎光临，请问需要什么帮助？"

2. 礼貌地询问宾客要求，主动介绍收费标准并作出适当解释。

3. 按照宾客要求操作机器设备，提供服务。与宾客确认好所需纸张、颜色、页边距、字体、字号、文件份数等具体要求，正确使用电脑、打印机、复印机等设备，快速准确地提供服务。

4. 打印或复印完毕，交付宾客前进行仔细校对。

5. 按要求装订，双手将稿件交付宾客，请宾客查验。保存好宾客的文件原稿，将处理好的文件交付宾客查验，同时询问宾客是否需要保留电子版，如不需要，则经宾客允许后删除电子版稿件，以确保宾客信息安全。注意在装订时将文件排好顺序，正面朝向宾客，双手递给宾客。

6. 正确计算费用并开具收款单。如有必要，可使用计算器按照事先与宾客确定的价格计算好费用，并向宾客报出金额。同时开具收款单据。

7. 查实宾客押金情况以便挂账。如果宾客为住店宾客，且宾客要求挂房账，服务员需请宾客出示房卡，电话联系前台收银处，询问该房押金情况。注意询问的方式，不要使宾客产生被怀疑的感觉。如果宾客为非住店宾客，或者宾客要求现金付款，可以引领宾客至前台收款处交款并开具发票。

8. 送别宾客，与宾客礼貌道别。例如："请走好，王先生，欢迎下次再来！"

9. 做好收入统计记录。在宾客离开后，取出商务中心当日营业收入统计表，准确清楚地登记在册，并签名。

◎练习二：按照操作要领，学生5人为一组，其中2人分别饰演服务员和宾客，其余3人观摩；练习一次后，轮换角色进行练习。练习结束后进行分组总结。

参考的实训分组练习场景：

1. 会议宾客张女士来到商务中心，拿出一份A3文件，要求缩印为A4版，共10份，请模拟场景练习。

2. 住店宾客王先生来到商务中心，拿出自带的U盘，要求服务人员为其排版打印文件，同时要求挂房账，请模拟场景练习。

(三)课后练习

通过至少 2 学时的时间进行练习,掌握商务服务的基本操作程序,达到能够独立操作的目的。

四、考核标准

表 2-22　　商务中心服务实训考核表

项目	分数	要求和标准	细节配分	扣分	得分
迎接宾客	10	向宾客问好,表示欢迎,以敬语称呼宾客,并表示乐于为其提供服务	10		
业务处理	40	礼貌询问宾客需求,主动介绍收费标准并作出适当解释	10		
		按照宾客要求操作机器设备,提供服务	15		
		打印或复印完成,在交付宾客前进行仔细校对,按宾客要求装订,双手将稿件交付宾客,请宾客查验	15		
取费用	20	正确计算费用并开具收款单	10		
		查实宾客押金情况以便挂账,或直接收取现金,并根据宾客要求至前台开具发票	10		
送别宾客	10	与宾客礼貌道别	10		
登记	10	做好收入统计记录	10		
综合印象	10	站姿、走姿、坐姿标准,书写清晰,递接物品动作规范	5		
		举止优雅、大方、自然,注重礼貌礼节,面带微笑	5		
总计	100		100		

注意:1. 未着制服不允许进行考试;

2. 未开具收款单或对费用计算有误的,成绩为零分;

3. 因考生错误造成宾客文件原件损毁的,成绩为零分;

4. 打印或复印过程中出现严重错误,造成机器设备损坏的,成绩为零分。

实训项目八　总机服务

一、实训要求

表 2-23　总机服务实训标准与要求

实训项目	总机服务
实训时间	1 学时
实训目标	通过为宾客提供电话总机服务的实训，掌握饭店电话总机员工应熟知的电话留言、电话叫醒等工作程序和相应知识
实训标准与要求	1. 掌握电话总机工作的范围及所需知识 2. 掌握留言、叫醒等基本电话服务程序 3. 掌握总机服务中特殊情况的处理
实训工具	笔、电话、叫醒服务记录本、留言单、交换机台、电脑等
教学方法	讲解和示范相结合
讲　授	总机服务的操作要点及注意事项
示　范	模拟示范商务服务的程序
练　习	学生按照教师所示范的程序分组反复练习
测试方法	情景模拟：操作符合服务礼仪规范，表单填写准确无误，操作程序无遗漏、无重大错误，确保宾客留言和叫醒能够准确无误地被接收到

二、知识点

(一)总机的服务项目

1. 接转电话

这里主要指由外部打进饭店的电话，接转时必须注意：

(1)打给宾客的电话必须问清打电话人的姓名及打电话的事项，然后核实住客是否是打电话人要找的。若是，则征求宾客意见是否可转给他，宾客表示可以时才转给他；若宾客表示不接时，可向打电话人婉拒。

(2)若打电话者查询住客时，也要征询宾客意见，经同意后才告诉打电话者。

(3)若宾客表示不听电话或不在房间时，可将打电话人的姓名及电话内容记下来转告宾客。

(4)在职工工作时间内,外面打给职工的电话,一般不转,若有急事可转有关部门办公室或其顶头上司代职工接听。

2. 打长途电话

目前,饭店客房都已向宾客提供了国内及国际长途直拨电话,无须总机人员代拨长途,但如果有宾客提出代拨长途,必须详问清宾客的姓名、房号、接电话单位的名称或接话人的姓名、电话号码等信息。电话接通后,要迅速接到宾客房间告之宾客,通话结束后可通知宾客通话时间及收费情况。

3. 电话咨询服务

(1)若宾客电话询问订房事宜时,要及时与客房预订处或总服务台联系,并及时答复宾客。

(2)若宾客询问饭店可以提供的服务设施及项目时,要向宾客热情介绍、详细解答。

(3)若宾客想了解本地区的游览胜地、商业中心、单位地址、电话号码等情况时,要尽可能地向宾客介绍。

4. 电话叫醒服务

(1)接受宾客叫醒服务要求:

①当接到宾客需要叫醒服务时,要问清宾客房号、姓名及叫醒时间。

②复述宾客叫醒的要求,以获宾客确认。

③检查叫醒客房的种类和宾客类型,如是套房、VIP,必须作出特别提示。

④祝宾客晚安。

(2)把叫醒信息输入机台。

①按机台上的叫醒键,输入客房号码和叫醒时间。

②按机台执行键。

③将套间客房的叫醒信息输入卧室的电话分机。

④夜班话务员再次检查叫醒的输入情况、客房情况、套房状况等。

⑤按照最早的叫醒时间,打开叫醒打印机并检查叫醒系统的工作情况。

(3)填写叫醒登记本。

①将叫醒时间输入机台后,在叫醒登记本上按时间顺序填写宾客的房号、宾客叫醒时间。

②认真复查,签上话务员姓名。

(4)人工为 VIP 叫醒。

①在宾客指定的叫醒时间,按下宾客的房间号码。

②用亲切和蔼的语气称呼宾客的姓名。

③叫醒时要讲:“早上好/下午好/……现在是×点钟,已到您的叫醒时间。”

④祝宾客愉快。

(5)团队叫醒。

①接到宾客电话要求将整个旅游团的宾客全部叫醒时,应根据团队用房表核对并记录团号、叫醒时间、预订人姓名、预订人房号。

②按要求将团队叫醒输入机器。

③检查叫醒团队宾客的情况,如有问题必须及时纠正。

(6)特殊情况处理。

①如发现漏叫或没有打印出来的叫醒宾客,话务员必须用电话叫醒宾客,并做好记录。

②如客房叫醒无人应答,话务员必须立即通知客房服务中心或大堂经理去客房检查,并做出详细记录。

③如有宾客要求取消叫醒服务,话务员必须在登记本、黑板、电脑上同时做出更正,并在交接班笔记上说明。

④如有宾客要求多次叫醒时,话务员必须在叫醒记录表上作出说明。见表2-24。

表 2-24　　叫醒服务记录表

房号	叫醒时间	设置是否成功	当值话务员签名	通知叫醒时间	通知设置人员姓名	补叫时间	补叫话务员签名	备注

5. 电话留言服务

(1)接听店外宾客留言。

①当客房电话无人接听时,询问店外宾客是否要求留言。

②认真核对店外宾客要找的店内宾客的房号、姓名是否与饭店信息一致。

③准确地记录留言者的姓名和联系电话。见表2-25。

④准确地记录留言内容。

⑤复述留言内容与店外宾客核对。

(2)将留言输入电脑。

①使用电脑查出店内宾客房间,通过固定的电脑程序输入留言内容。

②核实留言内容无误。

③在留言内容下方输入为宾客提供留言服务员姓名。

④打印出留言。

(3)按客房留言灯。

①按客房留言灯开启程序开启留言灯。

②每日接班和下班时核对留言和留言灯是否相符。

③当宾客电话查询时,将访客留言内容准确地告知宾客。

(4)取消电话留言。

①关掉留言灯。

②清除留言内容。

表 2-25　　留言单

MR ________________先生

TO　MRS ________________女士________________ MISS 小姐

ROOM NO ________________ TIME ________________

房号________________　时间________________

DATE ________________

日期　YOU HAD A TELEPHONE CALL

贵客有一电话来自:

FORM　MR ________________先生

MRS ________________女士

MISS ________________小姐

TEL　NO. 电话号码________________ PLACE 地点________________

令友并无留言	□LEFT NO MESSAGE
令友将再给你电话	□WILL CALL YOU AGAIN
请你回电	□PLEASE RETURN CALL
令友曾致电	□TELEPHONED
令友将再次来访	□WILL COME AGAIN
传真/包裹	□FAX/PARCEL

MESSAGE:________________________________

____

____

THANK YOU

谢谢

CLERK 经办人____________

一般情况下，饭店总机的主要服务项目主要包括以上五项，但随着饭店业的进步，很多大型饭店都在总机设立了“一键式”服务。这种服务方式丰富了总机的服务项目和内容，例如可能包括餐台预订、账单查询、客房服务、投诉处理等，同时，这种服务方式也对总机人员的综合素质、反应能力提出了更高的要求。

（二）总机人员的要求

1. 工作人员必须会1～2种外语，会标准的普通话和多种地方话等。

2. 电话总机工作人员要求声音清晰，吐字清楚，注意语音语调，使人感到婉转动听。

3. 接听电话与宾客会话时，要注意态度诚恳，使对方感到你乐意为他效劳。

4. 熟练掌握电话总机的性能和操作方法。

5. 熟悉饭店全部内线电话号码。

6. 熟悉饭店总经理、部门经理的电话号码。

7. 熟悉各大机关、公司、交通部门（如铁路、轮船、民航、客运等）、海关、公安局（包括消防队等）、医院、供电局、各大饭店总机等单位的电话号码。

8. 熟悉世界各地的国际时间与北京时间的时差。

9. 熟悉各地长途电话的收费标准。

三、实训内容

（一）物品准备

准备好笔、电话、叫醒记录本、留言单、交换机、电脑等。

（二）课堂练习

◎练习一：指导教师介绍叫醒服务操作要领并作示范，学生模拟练习。

1. 接受叫醒服务

要求：

（1）铃响三声内接听电话，用语规范。

（2）问清客人房间号码、姓名、叫醒日期及时间，并详细记录。

（3）复述叫醒服务内容，与宾客核对。

（4）与宾客礼貌道别。

2. 填写叫醒服务记录表

要求：清楚记录叫醒服务各项内容和话务员姓名。

3. 人工叫醒服务

要求：

（1）在宾客要求的叫醒时间给宾客房间打电话，提供人工叫醒服务。

（2）当电话被接听时用亲切、和蔼的语气向宾客说：“早安（早上好/下午好/

晚上好)，×先生/小姐/女士。现在是×点×分，您的叫醒时间到了(这是您×点×分的叫醒服务)。今天的室外温度是……祝您愉快!”

(3)等客人先挂断电话，以示礼貌。

4. 记录叫醒结果

要求：将人工叫醒的结果记录在叫醒服务记录本上。(如遇客人未应答可通知客房部上门叫醒)

◎练习二：指导教师介绍留言服务操作要领并作示范，学生模拟练习。

1. 接受留言服务

要求：

(1)接听电话及时，用语规范，礼貌热情。

(2)核对来电者查找的客人姓名和房间号码是否属实。

(3)简要记录留言内容、来电者姓名和联系方式。

(4)重复留言内容，与来电者热情道别。

2. 填写留言单

要求：

(1)按照来电者原意准确、无遗漏地填写留言单。

(2)在电脑中或住客记录中注明该宾客有留言，注意宾客离店时间。

3. 传递留言信息

要求：

(1)通知行李员将一份留言单送至宾客房间。

(2)将另一份留言单保留在前台，并填写交班记录。

(3)开启该宾客客房留言指示灯。

4. 取消留言

要求：当宾客收到留言后，做好记录，取消留言。

◎练习三：按照操作要领，学生5人为一组，其中2人分别饰演总机话务员和宾客，其余3人观摩；练习一次后，轮换角色进行练习。练习结束后进行分组总结。

参考的实训分组练习场景：

1. 饭店1211室宾客徐先生要求一个早上7点钟的叫醒服务，根据电脑显示，该房为VIP，请模拟场景练习。

2. 李健先生打来电话找403室的吴琼女士，但电话无人接听，李先生要求留言，请模拟场景练习。

(三)课后练习

通过至少2学时的练习，掌握总机服务的基本操作程序，达到能够独立操作的目的。

四、考核标准

表 2-26　　总机服务实训考核表

项目	分数	要求和标准	细节配分	扣分	得分
叫醒服务	45	接受叫醒服务，问清宾客的房号、叫醒时间、特殊要求等，并与宾客进行核对	10		
		将叫醒信息填写在叫醒记录表中，并签名	10		
		按照服务规范，准时为宾客提供人工叫醒服务	15		
		及时准确地记录宾客叫醒服务结果，灵活处理特殊问题	10		
留言服务	45	及时接听电话，核实宾客姓名、房号等信息，并主动提供留言服务	10		
		与来电者复述留言内容并准确无误地填写好留言单，同时将信息在电脑中备注	20		
		开启宾客客房留言指示灯，并用多种方式传递留言信息	10		
		当宾客收到留言时，及时取消该留言	5		
综合印象	10	接听电话及时，语言简洁明了，礼貌热情	5		
		语速、语调符合服务人员要求	5		
总计	100		100		

注意：1. 未着制服不允许进行考试；

2. 未填写叫醒记录表或未记录留言内容的成绩为零分；

3. 因考生错误造成宾客叫醒失败或弄错留言对象的，成绩为零分；

4. 留言内容出现重大歧义，意思表述不明的，成绩为不及格。

第三篇　饭店客房服务技能实训

饭店是向旅客提供生活需要的综合服务设施，它必须能向旅客提供住宿服务，而要住宿必须有客房，从这个意义上来说，有客房便能成为饭店，所以说客房是饭店存在的基础。客房服务质量是饭店服务质量的重要标志。客房是客人在饭店中逗留时间最长的地方，客人对客房更有“家”的感觉。因此，客房的卫生是否清洁，服务人员的服务态度是否热情、周到，服务项目是否周全、丰富等，对客人有着直接的影响，是客人衡量“价”与“值”是否相符的主要依据，所以客房服务质量是衡量整个饭店服务质量，维护饭店声誉的重要标志，也是饭店等级水平的重要标志。

图 3-1　标准客房

图 3-2　卫生间

实训项目一　客房清洁

一、实训要求

表 3-1　　客房清洁实训标准与要求

实训项目	客房清洁
实训时间	4 学时
实训目标	通过客房清扫的实训，让学生全面掌握走客房和住客房的清扫程序和要领，养成良好的操作习惯
实训标准与要求	1. 能按照“做房八字方针”熟练操作，并遵循从上到下、从里到外环形清理的操作方法，注意抹布干湿分开，折叠使用 2. 做房卫生质量达标，不留死角，物品摆放正确，控制在 30 分钟内完成
实训工具	服务车、吸尘器、清洁篮（内有手套、浴缸刷、马桶刷、板刷、玻璃刮、84 消毒液、浴缸清洁剂、马桶清洁剂），抹布五块（房间两块：干抹布、半干抹布；卫生间三块：擦马桶一块、擦地面一块、擦面盆浴缸一块）
教学方法	讲解和示范相结合
讲授	客房清洁的“八字方针”以及应注意的事项
示范	客房清洁的八个步骤及其要领
练习	学生按照教师所示范的动作分组反复练习
测试方法	学生能够在 30 分钟内完成客房清洁，程序方法正确，卫生质量达标，物品摆放正确

二、知识点

（一）客房类型

客房是住店客人起居和休息的地方，是饭店经济收入的主要来源。酒店通常设有若干种房间类型，以满足不同宾客的需求，其主要的房间类型如表 3-2 所示：

表 3-2　　　　房间类型

房间类型	特点
单人间 (Single Room)	配一张单人床,隐私性强,近年来颇受旅游者欢迎。如辅以上乘用品配备和商务设施,称为"商务单间"
大床间 (Double Room)	配一张双人床,主要适合夫妇旅行者居住,也适合商务旅游者单身居住
标准间(Standard Room 或 Twin Room)	配两张单人床,一般用来安排旅行团队或会议客人,可供两人入住。在大床间供不应求时,还可将两床并为一床,作大床间使用
普通套房 (Standard Suite)	通常为两房套间,一间为卧室,一间为起居室。卧室中配备一张大床,与卫生间相连。起居室也设有盥洗室,内有便器和洗面盆,可不设浴缸
连通套房 (Connecting Suite)	包括两个独立的双人间,中间用固定的隔墙隔离,可作套房出售,也可作两间独立的大床间使用
豪华套房 (Deluxe Suite)	房间布置豪华,可为双套间,也可以是三套间,分为卧室、起居室、餐室或会议室,卧室配大号双人床
总统套房 (Presidential Suite)	饭店内最高档客房,一般由七八个房间组成。拥有总统卧室、总统夫人卧室、客厅、书房、娱乐室、会议室、随员室、警卫室、餐室或酒吧间、厨房、卫生间等。房间装饰讲究,设备豪华,常用名贵字画、古董、摆设等艺术品装点其间

近几年来,由于住店客人多元化的需求,各星级饭店在传统基本房型的基础上,又纷纷增加了各种特色的客房,如行政套房、女宾房、绿色客房、残疾人客房等,房间内又增加了各种人性化的配备。

(二)客房设备

客房是住客在饭店停留时间最长的地方,其设计布置的好坏直接影响客人对饭店舒适度的评价。通常客房的空间布局有五大区域,即门廊区、睡眠区、工作区、休闲与会客区及卫生间,每个区域都配有相应的设备用品。客房设备常见的有家具、电器、卫生洁具、安全装置及地毯五大类。

1. 家具,如沙发、靠背椅、茶几、写字台、梳妆台、衣柜、床、床头柜、酒柜等。

2. 电器,如电视机、音响、冰箱、电脑、电话、传真机、电熨斗、电热水壶等。

3. 卫生洁具,如浴缸(或浴房)、面盆、马桶、净身器等。

4. 安全装置，如消防报警装置、烟感器、温感器、自动喷淋、防毒面具、紧急疏散图、闭门器、窥镜、防盗链等。

5. 地毯，分为包括纯羊毛地毯、丝质地毯、高品质混纺地毯、长纤尼龙地毯等，均具有较强的去污、防静电等性能。

(三)客房岗位分工

客房部是饭店重要的营业部门，直接负责饭店客房管理和客房服务，其管理的水平直接影响饭店的经济效益和社会效益。大、中型饭店客房的业务范围大，组织机构分支多，工种全，职责细，一般分为房务中心、楼层服务、公共区域、洗衣房、布草房等班组。小型饭店规模小，组织结构层次和分支少，通常只设楼层、公共区域和布草房三个班组。

按照管理层次，部门又分为经理、主管、领班和服务员，各级层层负责，保证工作的正常组织管理。以下介绍主要基层岗位的工作职责：

1. 客房服务员

(1)对楼层领班负责，掌握本楼层的住客状况，为住客提供迅速、礼貌、周到、规范的服务。

(2)严格按照操作程序清洁，保证客房和楼层公共区域的整洁、宁静、安全和设备完好。

(3)确保本楼层固定物资的账物相符，严格控制客用消耗品的使用，以防流失。

2. 房务中心服务员

(1)接听电话，随时回答客人提问，满足客人要求，做好与相关部门、班组的信息传达、沟通工作。

(2)负责客房钥匙的管理和发放，监督客房各班组人员的签到和签退。

(3)为住客提供租借、出售物品的服务，定期盘点、保养。

(4)负责接收、保管、发放、处理客人的遗留物品，并每月清点。

(5)负责收集和发放客房部的各类运作报表。

(6)与前台、楼层做好更改、核对房态的工作，确保房态的准确。

(7)做好鲜花、水果、报纸、夜床礼品的配送、发放和统计工作。

3. 公共区域保洁员

(1)主动、热情、礼貌地为客人提供服务，确保分管区域的卫生清洁、客用品配备齐全，设施设备正常运转。

(2)爱护并按规程使用清洁设备及工具，发现丢失或损坏及时报告上级。

4. 洗衣房员工

(1)负责酒店布草、员工工装及客衣的洗烫、保存、收取和分发工作，确保质量合格，数量正确，做好各种工作的记录。

(2)做好设施设备的清洁保养，最大限度地做好节能工作。

(3)保证所辖区域的环境卫生清洁。

(四)房态及客房清扫顺序

客房服务员应掌握和识别客房的各种状态，专用房态术语表述如下：

1. 住人房(Occupied，简写成 OCC)：即客人正在住用的房间。

2. 走人房(Check Out，简写为 C/O)：表示客人已结账并已离开客房。

3. 清扫房(Vacant Dirty，简写为 VD)：表示该客房为没有经过打扫的脏房。

4. 空房(Vacant，简写为 V)：昨日暂时无人租用的房间。

5. 已清扫房(Vacant Clean，简写为 VC)：表示该客房已清扫完毕，可以重新出租，亦称"OK 房"。

6. 维修房或待修房(Out of Order，简写为 OOO)：表示该客房因设施设备发生故障，暂不能出租。

7. 请即打扫房(Make Up Room，简写为 MUR)：表示该客房住客因会客或其他原因需要服务员立即打扫。

8. 请勿打扰房(Do Not Disturb，简写为 DND)：表示该客房的旅客因睡眠或其他原因而不愿有人打扰的房间。

9. 贵宾房(Very Important Person，简写为 VIP)：表示该客房住客是饭店的重要客人。

10. 长住房(Long Staying Guest，简写为 LSG)：长期有客人包租的房间，又称"长包房"。

11. 预退房(Expected Departure，简写为 E/D)：表示该客房将于本日退房，但现在还未结账。

12. 加床(Extra Bed，简写为 ED)：表示该客房有加床。

13. 饭店自用房(House Use，简写为 HU)：表示因饭店管理人员长期或短期使用或由于其他原因酒店自用。

14. 外宿房(Sleep Out，简写 S/O)：表示客房已被租用，但住客昨夜未归。

15. 无行李房(No Baggage Room，简写 N/B)：表示该房间住客无行李。

16. 轻行李房(Light Baggage Room，简写 L/B)：表示该客房的住客行李很少。

服务员要想保质保量地完成清扫工作，必须确定合理的清洁顺序。在此过程中应考虑以下因素：一是满足住客的需要；二是有利于客房的销售，提高客房的出租率；三是方便工作，提高效率；四是有利于客房设备用品的维护保养。

在清理过程中，一般情况下的清扫顺序为：挂"请即清理"牌房间→总台或领班指示打扫的房间→VIP 房间→住客房→走客房(退房)→空房。

但在出租率较高的情况下,清扫顺序为:走客房→挂“请即清理”牌房间→VIP 房间→住客房→空房。

(五)客房清扫操作程序

客房的清洁保养,俗称“做房”。它包括三方面的工作内容:清扫整理客房、更换添补物品、检查保养设施设备。操作过程中要注意“三轻”,即走路轻、说话轻、操作轻。同时避免过多的体力消耗和意外事故的发生。客房清洁还要遵循从上到下、从里到外环形清理的操作方法,避免重复劳动,不留卫生死角。同时,严格抹布使用,避免不同功用的抹布交叉混用。

如遇挂“请勿打扰”标志的房间,在 14:00 以前服务员暂不提供房间清扫服务,在报表上暂作记录;如 14:00 后,该房间仍显示“请勿打扰”标志,服务员及时上报房务中心采取相应措施。

走客房和住客房的清扫从程序上和质量要求上讲是一致的,但各个饭店之间又有不同的细节要求。有一种被总结为“八字程序”的方法在饭店中使用得比较普遍,即:进、撤、铺、抹、洗、补、吸、检。

1. 进

(1)首先确认房间没有“请勿打扰”及“双锁”标志方可敲门。

(2)按门铃,敲门。规范地站在距离房门 40 公分处,面带微笑,以中指的第二个关节敲击房门三下,报“Housekeeping,客房服务员”。如无客人应答,则间隔 2～3 秒,重复上述敲门程序一次。如图 3-3 所示。

图 3-3　进

(3)开门。用钥匙将房门打开 30°角,再敲房门一次并报身份,如仍无客人应答,将房门完全打开。

(4)如客人在房内,要等客人开门或经客人同意后方可进房,向客人问候并询问客人是否可以整理房间。

(5)将取电卡插入取电盒中。

(6)填表。将工作车挡住整个房门,在报表上填写进房时间。

2. 撤

(1)携带清洁蓝及小垫毯进入房间,将垫毯放于卫生间门口,清洁篮放于卫生间云台上。放水冲净马桶,然后分别向"三缸"(面盆、浴缸、马桶)喷洒清洁剂及 84 消毒液,提前对污迹进行溶解。

(2)将客人用剩的香皂、牙膏等分类放入工作车回收篮,将客人用过的"四巾"(方巾、面巾、浴巾、地巾)收入布草袋内。收拾卫生间垃圾。如是住客房,客人拆封的牙刷、香皂等可不用撤出,如需要可适量补充。

(3)将房间窗帘打开,开窗通风,关闭房间灯具。

(4)住客房内客人物品尽可能不要移动,不可翻看客人的物品或书报杂志,客人盛有饮料或茶叶的杯具不要动,尊重客人的生活习惯,特别是长住客人的要求。发现房内有危险品或其他异常情况,应立即上报。

(5)将桌面上、地上垃圾拾起放在垃圾桶内。发现垃圾袋内有贵重物品或票据等要拣出。如是住客房,则摆在旁边桌子的显眼处;如是退客房,则要作为遗留物品交房务中心保管。

(6)清理烟缸内烟头,发现未熄灭的烟头要熄灭,将烟缸放在卫生间内备洗;撤出客人用过的杯具,回收客人看过的报纸。

(7)房内如有餐车、餐具,收拾整齐送至工作间,不可将房间物品误入餐车。

(8)撤床单、被罩及枕套,注意不要夹带客人物品。住客房根据客人放置环保卡情况,撤换床上用品。(原则上住店客人床单等 2~3 天更换一次)

(9)先撤 B 床再撤 A 床(靠卫生间的床),撤下的枕头、棉被等放在沙发或另一张床上,不可放在地上。如图 3-4 所示。

图 3-4　撤

(10)将撤下的脏布草放于工作车布草袋内。

3. 铺

按中式床铺床程序操作,注意检查布草、保护垫、枕芯、棉被等有无污损、毛发,如有须及时清除或更换。如图 3-5 所示。

图 3-5　铺

4. 洗

(1)开亮卫生间的灯,开启换气扇,佩戴橡胶手套。

(2)清洗烟缸,擦干并归位。

(3)再次在“三缸”上喷洒适量清洁剂。

(4)用浴缸刷清洗面盆。在面盆中放少量的水,以旋转的方法刷洗面盆、水龙头,放水冲净;如镜面及台面有较多的皂迹、水迹,也一并刷洗。如图 3-6 所示。

图 3-6 洗

(5)用浴缸刷刷洗浴缸及淋浴房。将浴缸下水塞关闭,清洗浴缸、浴缸墙壁的下三格及浴帘,用专用板刷刷洗防滑垫,用清水冲洗,将淋浴提拨提起,检查淋浴器工作是否正常,并冲洗墙壁及浴缸,打开浴缸下水塞放掉脏水。刷洗淋浴房时,用浴缸刷从上至下依次清洗浴房玻璃及地面,然后用淋浴器冲洗干净,用玻璃刮刮净水渍。

(6)用马桶刷刷洗马桶。注意清洁马桶的入水孔和去水孔,清洁马桶坐板、盖板,放水冲净。

(7)按顺时针方向抹浮尘,并记下所需补充的消耗品,边清洁边定位物品,注意抹布分开使用。

(8)清洁卫生间台面、面盆、镜面、毛巾架、卷纸架。

(9)清洁卫生间电话。

(10)清洁浴缸(浴房)、淋浴器、水龙头、晾衣盒、浴帘杆、浴巾架。

(11)清洁马桶水箱、盖板、座身。

(12)清洁卫生间门、地秤、垃圾桶、布草筐。

(13)由里到外擦卫生间地面、地漏。

(14)将抹布、清洁篮、小垫毯带出放到工作车指定位置。

5. 抹

(1)按顺时针方向,由上到下、由内到外环形擦拭。抹布区分折叠使用,家具等用半干的抹布擦拭,电器、玻璃等用干布擦拭。

(2)抹尘同时将家具、物品定位,记下所需补充的物品。

(3)打开房间灯具,检查房间设备完好状况,上报记录维修项目。

(4)擦房门。房门正、反面,包括窥镜、房号、紧急疏散图、防盗扣、钥匙牌孔、门把手、门框、门楣及闭门器,检查"请勿打扰"挂牌等有无污损。如图 3-7 所示。

图 3-7　抹

(5)擦衣柜。按由上到下的顺序依次清洁柜内衣架、保险柜、防毒面具等物品。

(6)擦酒柜、冰箱。酒柜玻璃、酒水等除尘时,注意冰箱内有无结霜,如有将冰箱开关打到 OFF 除霜。倒掉电热水壶中剩余的水。

(7)擦行李柜面、抽屉。

(8)擦写字台抽屉、台面、梳妆镜框、镜面、台灯灯泡、灯架、灯罩、文件夹及服务指南等宣传材料。

(9)擦电视机荧光屏及外壳,擦遥控器,打开电视机检查图像是否正常,调至规定音量和频道。

(10)擦窗台、窗框、窗玻璃,检查窗帘有无脱钩现象,关窗。

(11)擦沙发及茶几,检查沙发座垫、靠背下是否有遗漏的物品或垃圾。

(12)擦地灯及床头灯、灯杆、灯座、灯泡、灯罩及灯线。

(13)擦床头柜、床头板,擦电话听筒、机身,整理好电话线。擦装饰画。

(14)住客房抹尘时客人的物品不要轻易挪动位置。

6. 补

根据房间、卫生间物品配备及摆放标准，按数量补充、摆放相应的物品。如图 3-8 所示。

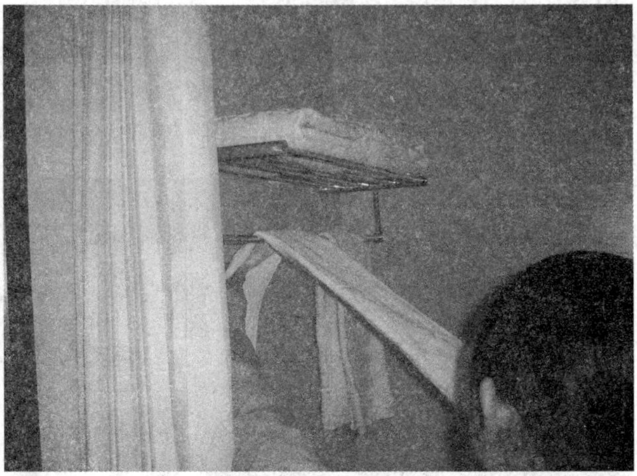

图 3-8　补

7. 吸

(1)如客人在房间，应征询客人是否可以吸尘。

(2)从里到外、从房间到卫生间依次吸尘。地毯按顺毛吸，注意吸边角位、窗帘后、床头柜后、梳妆台下、两床之间，不要碰撞家具。如图 3-9 所示。

图 3-9　吸

(3)吸卫生间地面,使用毛刷,切勿吸水。吸浴帘、门后、地面及“三缸”内毛发。

(4)吸尘完毕,拔下插头,理好电线,将吸尘器门外靠墙放置。

8. 检

(1)拿空气清新剂进房,环视房间,检查物品是否齐全,是否按规范摆放。拉闭窗纱,将空调调至标准温度,向空调出风口喷洒空气清新剂。如图 3-10 所示。

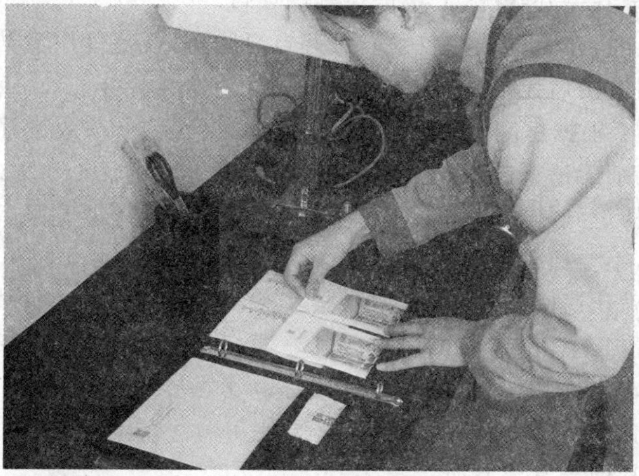

图 3-10 检

(2)如客人在房间,应礼貌地询问客人有无其他事宜,最后礼貌地面向客人告别。

(3)取出取电卡,关门,在报表上填写出房时间、物品耗用记录及其他相关事项。

三、实训内容

(一)物品准备

1. 准备好服务车、吸尘器、清洁篮(内置手套、浴缸刷、马桶刷、板刷、玻璃刮、84 消毒液、浴缸清洁剂、马桶清洁剂)、抹布五块(房间两块:干抹布、半干抹布;卫生间三块:擦马桶一块,擦地面一块,擦面盆浴缸一块)。

2. 每 4 名学生为一组配备上述工具一套。

(二)课堂实训

1. 指导教师强调“做房八字程序”要领并作示范,具体步骤及要求如下:

(1)进房:敲门程序规范,报岗清晰。

(2)撤布草及垃圾:操作轻,仔细,无遗漏,避免将客人的物品夹带撤出,能再利用的物品需回收。

(3)铺床:操作熟练,甩单等动作一次到位。中式床整齐美观、饱满无褶皱,无毛发污渍。

(4)抹尘:抹尘时从门开始,遵循从上到下、从里到外、环形清洁、一擦到底的抹尘原则,凡伸手可及的地方都要擦到。抹布区分使用,家具等用半干的抹布擦拭,电器、玻璃等用干布擦拭。抹尘的同时将家具、物品定位,记下所需补充的物品。检查房间设备完好状况,上报记录维修项目。

(5)洗卫生间:注意佩戴橡胶手套做好自身防护,规范使用清洁剂、清洁工具及抹布,卫生间清洁后无毛发、水渍、皂迹,空气清新无异味。

(6)补物品:根据房间、卫生间物品配备及摆放标准,按数量补充、摆放相应的物品,要求仔细无遗漏。

(7)吸尘:从里到外、从房间到卫生间依次吸尘。地毯顺毛吸,不留死角。正确使用吸尘器,不要碰撞家具。

(8)检查:确认房间整理干净,物品摆放齐全到位,没有维修项目。

(9)讲解清扫走客房与住客房的区别。清扫住客房时,要注意观察,尊重客人的生活习惯,客人的物品不要随意乱动。应宾客要求更换床上和卫生间的棉织品;客人使用的低值易耗品也在保证客人使用的前提下,予以撤换和补充。如发现住客房有其他异常要及时上报。

2. 按照操作要领,学生按组分 3 次练习清洁走客房。清扫时间分别为 60 分钟、45 分钟、30 分钟,符合质量要求。

◎练习一:房间清洁时间控制在 60 分钟内,基本符合卫生质量要求。

◎练习二:房间清洁时间控制在 45 分钟内,卫生质量有所提高。

◎练习三:房间清洁时间控制在 30 分钟内,完全符合房间卫生质量要求。

(三)课后练习

学生利用课余时间到操作间按照教师所示范的程序要求分组反复练习,达到考核标准。

四、考核标准

表 3-3　　客房清洁实训考核表

项目	分数	要求和标准	细节分配	扣分	得分
进	5	面带微笑，敲门音量适中，节奏控制良好，报岗准确清晰，声音甜美	2		
		程序正确，敲三遍，最后一次将房门打开 30°后敲门	2		
		正确记录进房时间	1		
撤	10	携带清洁篮及小垫毯进入房间，按顺序喷洒“三缸”	2		
		清点脏布草并撤出	2		
		开窗通风，关闭灯具	1		
		从卫生间到房间有序回收可再利用低值易耗品，收拾垃圾	2		
		撤床单、被罩及枕套，不要夹带客人物品。先撤 B 床再撤 A 床，脏布草不能放到地上	3		
铺	20	应宾客要求更换床上用品，按中式床铺床程序操作，床铺整齐美观、饱满无褶皱	20		
抹	19	按顺时针方向，由上到下、由内到外环形擦拭	3		
		抹布干湿分开，折叠使用，混用不得分	3		
		所有物品已放回原处(摆放不正确一项扣 1 分)	3		
		检查家具及电器使用情况，并记录维修项目	2		
		房间清扫整洁、无毛发、无灰尘、无污渍、无水渍，没有遗漏，无卫生死角(每一项不合格扣 1 分)	8		

续表

洗	16	操作程序正确	3		
		抹布区分使用，混用不得分	3		
		云台、镜面、面盆、浴缸、淋浴房、马桶、地面等清洁到位，无毛发、无污渍、无水渍（每一项不合格扣 1 分）	6		
		水龙头、淋浴喷头等五金件，无污渍、无滴漏，擦拭光亮（每一项不合格扣 1 分）	4		
补	4	根据房间、卫生间物品配备及摆放标准，按数量补充、摆放相应的物品（漏一项扣 1 分）	4		
吸	10	从里到外、从房间到卫生间依次吸尘	2		
		地毯按顺毛方向吸，吸卫生间地板时转换成毛刷	2		
		操作轻，不要碰撞家具	2		
		吸尘效果好，房间及卫生间无垃圾、无毛发、无卫生死角	2		
		吸尘完毕，拔下插头，理好电线，门外靠墙放置	2		
检	6	进房环视，检查仔细无遗漏	2		
		拉闭窗纱（或窗帘）	1		
		将空调调至标准温度，向空调出风口喷洒空气清新剂	1		
		取出取电卡，关门，在报表上正确记录	2		
整体要求	10	操作规范，动作娴熟、优雅	5		
		仪容仪表整洁大方，面带微笑	5		
总计	100		100		
操作时间	操作时间如超过 30 分钟，每超过 1 分钟，扣 2 分；超过 10 分钟，本次考核失败。 用时：　　分　　秒，扣　　分				
实际得分					

实训项目二　中式铺床

一、实训要求

表 3-4　　中式铺床标准与要求

实训项目	中式铺床
实训时间	4 学时
实训目标	训练结束时,学生应熟练掌握中式铺床的操作要领及要求
实训标准与要求	1.甩单、包角、套棉被及枕头方法正确,床铺三线合一、平整美观 2.操作过程中动作娴熟、敏捷,姿态优美,不能跑动、跪床或手臂撑床 3.整个过程控制在 3 分钟内完成
实训工具	床架、床垫、工作台、床单、被套、羽绒被、枕芯、枕套
教学方法	讲解和示范相结合
讲授	中式铺床的操作程序和要领以及应注意的事项
示范	甩单、包角、套棉被及枕头的程序方法
练习	学生按照教师所示范的动作分组反复练习
测试方法	中式铺床符合操作要领,3 分钟内完成为合格

二、知识点

(一)布草要求

床上用棉织品(如床单、枕芯、枕套、被芯、被套及床衬垫等)及卫生间针织用品(如浴衣及毛巾等)统称为“客房布草”。客房布草的舒适程度与织物的含棉量、重量、刚力、弯曲度、摩擦系数、透气吸湿性能等因素有关。根据舒适度要求,星级饭店床单、被套、枕套等床上用棉织品与卫生间针织用品的纱支、重量、规格等,应根据饭店星级高低,符合《旅游饭店星级的划分与评定》标准要求,重视布草的洗涤和日常管理工作。

床单通常采用纯棉平纹布、纯棉缎条布、纯棉贡缎布、T/C 面料,要求布面光洁、透气性良好、无疵点、无污渍。

被套应外观整洁,线型均匀,边缝整齐,无断线,不起毛球,无污损,不褪色,经过阻燃处理,夹层可使用定型棉或中空棉。三星级饭店以优质装饰布面料为主，四、五星级以高档面料为主。

衬垫应吸水性能好，能有效防止污染物质的渗透，能与软垫固定吻合。

枕套以全棉、白色为主，布面光洁，无明显疵点，无污损，规格与枕芯相配。

枕芯应松软舒适，有弹性，无异味，具有三种质地以上，如羽绒、中空棉、荞麦等。

梭织物的密度用于表示梭织物单位长度内纱线的根数。一般为1英寸或10cm内纱线的根数。我国国家标准规定使用10cm内纱线的根数表示密度，但纺织企业仍习惯沿用1英寸内纱线的根数来表示密度。其中又分为经密和纬密。经密：面料长度方向，该向纱线称作"经纱"，其1英寸内纱线的排列根数称作"经密"（经纱密度）。纬密：面料宽度方向，该向纱线称作"纬纱"，其1英寸内纱线的排列根数称作"纬密"（纬纱密度）。如通常饭店布草中见到的"4040/11090"表示经纱、纬纱分别是40支，经、纬密度为110、90。

（二）中式铺床操作程序

铺床是客房清洁的一个重要环节，也是客房实务操作的一项基本功。铺床的方法由于各个酒店要求不同，多少有些差异。传统的西式铺床是从欧美饭店业流传过来的，其寝具和铺床方式都不符合东方人的睡眠习惯。时至今日，国内绝大多数饭店都采用中式铺床，以体现中国饭店的特色，迎合客人个性化需求。

中式铺床具体程序如下：

1. 拉床

（1）站在床尾中间，屈膝下蹲，将床垫拉出30～40cm。

（2）检查衬垫是否干净，确保无毛发、污迹，整理衬垫使之平整，四角固定在床垫上。检查床架、床垫是否完好。

2. 甩单

（1）将折叠好的床单打开放在床垫中央，左手抓一侧床单头，右手打开另一头床单抛至床头，床单正面朝上。

（2）双手正握床单中线两侧40cm处，双臂均匀用力向前甩单，通过气流冲开床单并快速下压回拉，使床单平铺在床垫上，中线居中，床四周余留床单相等。如图3-11所示。

图 3-11　铺床

3. 包角

(1)先完成床头两处包角，将床垫复位再进行床尾两处的包角。

(2)微抬床垫，将短边一侧的床单塞到床垫下，右手整理余留的床单拉紧塞到床垫下，包角为90°。

(3)依次完成四角包角，并将床四周的床单全部塞到床垫下。如图3-12所示。

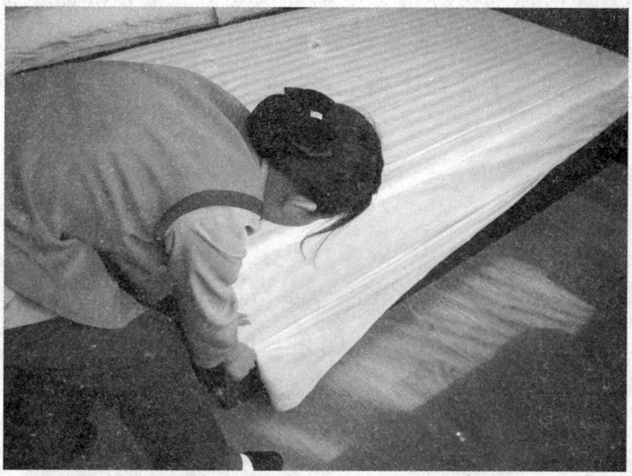

图 3-12　包角

4. 套被罩

(1)站在床尾,将折叠好的被罩放在床垫中央,打开被罩,操作程序同开单程序,被罩正面朝上,开口留在床尾。如图 3-13 所示。

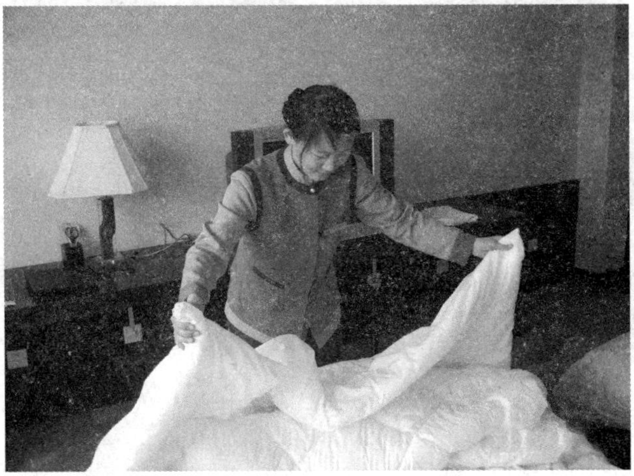

图 3-13　套被罩

(2)拿被罩开口位置,上下抖动灌入空气,将其上、下两层分开。

(3)双手分别抓住棉被上端的两角,从被罩的开口处将棉被套入,依次整理棉被上端及尾部位置,使棉被在被套中横向居中,棉被在被罩中顶头放置,四角整齐、饱满,将床罩开口处绳系成蝴蝶结状。

(4)将套好的棉被展平铺在床垫上,被罩中线居中,上端与床头边沿对齐后反折 45cm。

(5)整理棉被,使其表面平整,四角自然下垂。

5. 套枕套

(1)站在床头一侧,抖开枕套,双手撑大枕套的开口,先将枕头的上端套入,在上下抖动的同时将枕头套入,使枕套完全包住枕芯。如图 3-14 所示。

(2)把枕头平放在床头中间,展平四角。用同样方法套好第二个枕头,两枕头开口反向于床头柜放置,大床则四个枕头开口相对放置。

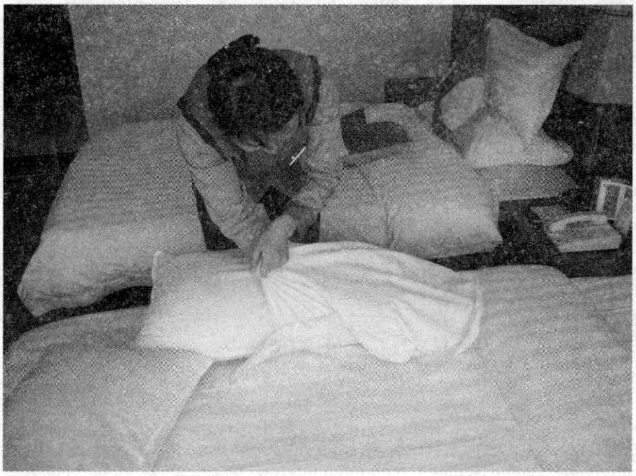

图 3-14　套枕套

6. 整形

按照舒适美观的要求，将整个床面整理好，见图 3-15。

图 3-15　整形

三、训练内容

(一)物品准备

以下每 4 人一组各一套：床架、床垫、工作台、床单、被罩、羽绒被各 1 个，枕芯和枕套 2 个，秒表 1 个。

(二)课堂实训

1. 指导教师强调铺床操作要领并作示范,具体步骤及要求如下:

(1)甩单:一次到位,正面朝上,中线居中,四周下垂均等。

(2)包角:紧密平整,式样统一,四角均为直角。

(3)套被罩:动作规范有序,棉被平整美观,整体效果好。

(4)套枕套:四角到位,饱满挺括,表面平整,居中放置。

2. 按照操作要领,学生按组分4次练习。

◎练习一:甩单练习,要求掌握甩单要领。

◎练习二:包角练习,要求掌握包角要领。

◎练习三:套被罩练习,要求掌握套棉被要领。

◎练习四:套枕头及完整做床训练,熟练掌握中式铺床技巧。

(三)课后练习

学生利用课余时间到操作间按照教师所示范的动作分组反复练习,达到考核标准。

四、考核标准

表3-5　　中式铺床考核表

项目	分数	要求和标准	细节分配	扣分	得分
甩单	15	一次抛单定位(两次扣2分,三次及以上不得分)	6		
		不偏离中线(偏2cm以内不扣分,2～3cm扣2分,3cm以上不得分)	4		
		床单正反面准确(毛边向下,抛反不得分)	2		
		床单表面平整光滑	3		
包角	15	包角紧密平整,式样统一(90°)	8		
		床侧面平整	4		
		外观均匀、挺括	3		

续表

套被罩	38	将被罩一次抛开（两次扣 2 分，3 次及以上不得分）	4		
		被罩正反面准确（抛反不得分）	2		
		被罩开口在床尾（方向错不得分）	2		
		打开羽绒被压入被罩内做有序套被操作	3		
		抓两角抖羽绒被并一次抛开定位（整理一次扣 2 分，类推），被子与床头平齐	6		
		被罩中心不偏离床中心（偏 2cm 以内不扣分，2～3cm 扣 2 分，3cm 以上不得分）	4		
		羽绒被在被罩内四角到位，饱满、平展	3		
		羽绒被在被罩内两侧两头平	2		
		被罩口平整且要收口，羽绒被不外露	2		
		床铺表面平整光滑	3		
		羽绒被在床头翻折 45cm（每相差 2cm 扣 1 分，不足 2cm 不扣分）	3		
		两侧距地等距（每相差 2cm 扣 1 分，不足 2cm 不扣分），尾部自然下垂，尾部两角应标准统一	4		
套枕头	12	四角到位，饱满挺括	3		
		枕头边与床头平行	3		
		枕头中线与床中线对齐（每相差 2cm 扣 1 分，不足 2cm 不扣分）	3		
		枕套沿无折皱，表面平整，自然下垂	3		
综合印象	20	总体效果：三线对齐，平整美观	10		
		操作过程中动作娴熟、敏捷，姿态优美，能体现岗位气质，跑床、跪床、撑床每次扣 2 分	10		
合计	100		100		
操作时间		3 分钟内完成不加分，每超时 10 秒扣 2 分，超过 4 分钟考核失败 用时：　　分　　秒，扣　　分			
实际得分					

实训项目三　开夜床服务

一、实训要求

表 3-6　　开夜床服务实训的标准与要求

实训项目	开夜床
实训时间	1.5 学时
实训目标	训练结束时，学生应熟练掌握客房开夜床的操作程序和要领
实训标准与要求	1. 能够正确摆放晚安致意品、鲜花等夜床礼品； 2. 环境卫生整理清洁干净，使客人感到舒适、温馨
实训工具	鲜花、早餐牌、晚安致意品、环保卡、冰块、地巾、报纸、服务车、抹布
教学方法	讲解和示范相结合
讲授	开夜床服务的程序和要领以及应注意的事项
示范	进房、开夜床、物品摆放的程序方法
练习	学生按照教师所示范的程序反复练习
测试方法	夜床服务符合操作要领，5 分钟内完成为合格

二、知识点

三星级及三星级以上的饭店都会向宾客提供开夜床服务，以保持豪华饭店的等级标准，体现对客人细致周到的接待。在开夜床过程中，要注意床铺平整美观，枕头排放整齐，窗帘关闭到位，灯光调节合理，晚安致意品精致美观且有收藏纪念意义。关注尊重宾客的消费习惯。开夜床的最佳时间是 18:00～20:00。

1. 准备工作

根据房态准备好充足的鲜花、早餐牌、报纸、环保卡、冰块、巧克力或晚安致意品。

2. 进房

(1)按敲门程序操作，将服务车横挡在房门口。

(2)如客人房间处于 DND 状态或上双锁，可从门缝下塞入“夜床服务卡”，告知客人在方便的时候通知房务中心开夜床；如客人在房间，征询客人是否需要开夜床服务。

(3)如是预订未到的客人，根据前台提供的信息提前为客人做好开夜床服务。

(4)在工作报表上记录进房时间。

3. 开夜床

(1)根据住房人数开床。标准间如只有一人居住，开A床(靠近卫生间的床)；如两人居住，则各自开靠床头柜的一侧。双人间住两人，可两边都开。

(2)将床搭或床罩叠起放于指定橱柜内，将靠近床头柜一侧的被子反折，折成反折角为45°的等腰直角三角形，床上一侧的直角边与被子中线重合。见图3-16。

图3-16　开夜床服务

(3)放置与夜床相关的服务备品。散客房间在折角的棉被上斜放鲜花、早餐牌，将建议宾客棉织品免洗的环保卡放于枕头上；在床头柜正中摆放巧克力或晚安致意品；在床开角前地毯上铺放地巾，地巾靠床头边与被子反折45cm边(靠近枕头一侧)齐平，将拖鞋整齐地摆放在地巾中间，开口冲向床面开角处。

(4)电视遥控器、节目单放置在床头柜处，洗衣袋放置在床尾(或写字台上)，方便宾客取用。

4. 房间清洁

(1)检视客人房间的空调、音响、电视、灯光是否正常，将夜灯打开，调试床头灯亮度，关闭其他灯具，使房内光线柔和、温馨；如客人在房内，则无需关灯。将报纸放于写字台上。

(2)关闭房间窗帘。

(3)更换客人使用过的杯具、烟缸，清理垃圾。

(4)擦拭家具，客用物品尽可能地不要挪动位置。

(5)检查客房小酒吧酒水饮料，如有耗用，及时补充，并开好酒单；给客人冰桶内添加适量冰块。

5. 卫生间清洁

(1)将卫生间客人用过的杯具、烟缸、毛巾等撤出更换，清洁客人用过的浴缸、面盆、马桶及镜面。

(2)将防滑垫铺在浴缸(或淋浴房)靠近花洒一侧，将浴帘拉至浴缸一半，下摆放在浴缸内，把地巾铺在靠浴缸的地面上，虚掩卫生间门。

6. 离开房间

(1)房间和浴室检查无误后退出，如客人在房间要礼貌地祝客人晚安并道别。

(2)轻轻关上房门，在报表上填写出房时间。

三、训练内容

(一)物品准备

准备好鲜花、早餐牌、晚安致意品、环保卡、冰块、地巾、报纸、服务车、抹布等。

(二)课堂实训

1. 指导教师强调夜床服务程序及要领并作示范，具体步骤及要求如下：

(1)准备工作：备品齐全、准确、无遗漏。

(2)进房：按照敲门程序规范操作，特殊房态特殊处理。

(3)开夜床：床铺平整美观，物品摆放规范，体现对宾客的尊重与关怀。

(4)房间清洁：操作规范有序，做好卫生，补充相应物品。

(5)卫生间清洁：仔细、无遗漏，补充相应物品。

(6)离开房间：自查夜床服务，做好房间记录。

2. 按照操作要领，学生分组进行练习。

(三)课后练习

学生利用课余时间到操作间按照教师所示范的动作分组反复练习，达到考核标准。

四、考核标准

表 3-7 开夜床服务实训考核表

项目	分数	要求和标准	细节分配	扣分	得分
准备	4	夜床礼品、报纸等准备无遗漏	4		
进房	6	敲门程序正确，服务车横挡在房门口	3		
		正确记录进房时间	3		
开夜床	27	被子反折角为45°等腰直角三角形	6		
		床上一侧的直角边与被子中线重合(偏2以内不扣分，2～3cm扣2分，3cm以上扣5分)	5		
		夜床礼品、鲜花、早餐牌、环保卡摆放位置正确，具有艺术美感	5		
		床面饱满整齐，折角平整，下垂自然	4		
		在床开角前地毯上铺放地巾，地巾靠床头边与被子反折45cm边(靠近枕头一侧)齐平	3		
		拖鞋整齐码放于地巾中间，开口冲向床面开角处	2		
		电视遥控器、洗衣袋放置位置正确，方便宾客取用	2		

续表

房间清洁	28	夜灯、廊灯开启，床头灯亮度适中	2		
		房间设备使用正常	2		
		报纸放于写字台显眼位置	2		
		房间窗帘充分闭合	3		
		客人使用过的杯具、烟缸已更换或清洗	3		
		房间卫生清洁，无毛发、无灰尘、无污渍（每一项不合格扣1分）	6		
		所有物品已整理整齐，所有客用品补充齐全（每一项不合格扣1分）	6		
		客房小酒吧酒水饮料充足	2		
		冰桶添加适量冰块	2		
卫生间清洁	20	卫生间镜面、浴缸、面盆、马桶及地面干净无毛发、无水渍、无污渍（每一项不合格扣1分）	6		
		卫生间物品已补齐，摆放正确（每一项不合格扣1分）	4		
		浴帘拉至浴缸一半，下摆放在浴缸内	6		
		防滑垫铺放正确	2		
		地巾铺在靠浴缸的地面上，虚掩卫生间门	2		
离开	5	检查仔细认真，轻关房门，在报表上做相关记录	5		
整体要求	10	操作规范，动作娴熟、优雅	5		
		仪容仪表整洁大方，面带微笑	5		
总计	100		100		
操作时间		5分钟内完成不加分，超过5分钟，每超过10秒扣2分，超过6分钟考核失败。 用时：　　分　　秒，扣　　分			
实际得分					

实训项目四　客房迎送服务

一、实训要求

表 3-8　　客房迎送服务实训标准与要求

实训项目	迎送服务
实训时间	1 学时
实训目标	训练结束时，学生应熟练掌握迎送客人的礼仪与程序，加强对客人全程的关注，增加宾客满意度
实训标准与要求	掌握迎送引领宾客的礼仪规范，能简洁流畅地介绍酒店、客房设施和服务，可熟练为 VIP 客人提供香巾和欢迎茶
实训工具	托盘、茶具(或茶包)、香巾及香巾托
教学方法	讲解和示范相结合
讲授	迎送准备工作及上欢迎茶和香巾的要领与注意事项
示范	宾客引领、酒店客房介绍、上香巾和欢迎茶的程序和方法
练习	学生按照教师所示范的动作分组反复练习
测试方法	客房迎送服务符合规范要求

二、知识点

迎送服务是客房对客服务的重要环节，这种服务往往能使客人留下深刻的印象，使宾客有“宾至如归”的感觉，所以客房服务员要做好客人抵店时的迎客工作及客人离开时的送客工作。

1. 准备工作

(1)了解客人的姓名、国籍、身份、人数、抵离时间等，特别注意客人的宗教信仰和风俗习惯。

(2)根据客人的要求和接待规格，再次检查房间布置和设备状况，准备冷热水及相应的服务用品，如茶具、香巾等。客到 15 分钟前冲泡茶叶。

(3)根据天气情况调节好客房温度。若是晚上到达，提前给客人开好夜床。

2. 迎接客人

(1)客房服务员一般只在楼层迎接入住客人。客人出电梯后，服务员应面带微笑，礼貌问候，使用姓氏称呼客人，并作自我介绍。

(2)若客人无人陪同(通常行李员会引领客人进房)，服务员应主动征求客人的意见，帮助客人提行李，问清房号，并请客人出示房卡，迎接客人进房。对行动不便的客人要主动搀扶。

(3)在客人侧前方1m处引领客人,途中可适当与客人交谈,介绍酒店情况。

(4)到达房门口时,放下行李,敲门或按门铃,并请客人稍候,用客房卡将房门打开。

(5)开门后,将取电卡插上,通电后退到房门一侧,用手示意客人先进房间。客人的行李在征得客人同意后放在行李架上并请客人核对。

(6)向客人简单介绍房内设施设备及其使用方法(新设备或需要提示的设备给予简单介绍,常规设备不予介绍),如客人面带倦容、时间不适宜或第二次入住,则可省略。告知客人如有需要,可按照电话说明拨打服务电话。

(7)如客人没有其他服务需求,向客人道别并祝客人住店愉快,面向客人退出房间并轻轻关上房门。

(8)VIP客人进房后需立即提供"三到"服务,即客到、茶到、香巾到的服务。VIP客人如有较多陪同,必要时需及时加椅。上香巾和茶水时,先宾后主,先主要客人后陪同客人,先女宾后男宾,先放香巾,后放杯垫和杯子。杯子把冲向客人右手处,五指并拢用手势示意客人享用,可采用蹲式服务以显示对客人的尊重。

3. 送别客人

(1)接到客人离店通知,提前到客人房门口等候客人,协助行李员搬运客人的行李。

(2)主动热情地将客人送到电梯口,帮客人叫梯,候梯时也可适当地征询客人住店意见,用敬语向客人告别,当电梯门关闭后方可离开。

(3)对无人陪同的老、弱、病、残客人,要专人护送。

(4)即刻返回房间进行检查,并将查房情况通知房务中心,做好相应记录。

三、训练内容

(一)物品准备

托盘、茶具(或茶包)、香巾及香巾托。

(二)课堂实训

1. 指导教师强调迎送宾客的服务程序及要领并作示范,具体步骤及要求如下:

(1)准备工作:备品齐全、准确、无遗漏。

(2)迎送客人:热情礼貌,能正确引领客人进房,介绍客房设施,与客交流自然大方,语言得体,对VIP客人及时送欢迎茶和香巾。

(3)送别客人:热情礼貌,表现周到服务,体现对客的尊敬。

2. 按照操作要领,学生5人为一组,其中2人分别饰演楼层服务员和宾客,其余3人观摩;练习一次后,轮换角色进行练习。练习结束后进行分组总结。

参考的实训分组练习场景:

(1)1206 房间的王先生第一次入住酒店行政楼层豪华单人间，客房服务员在电梯间迎接客人并引领其进房，请模拟场景练习。

(2)酒店常客 VIP 刘总入住，客房服务员进行迎接并送欢迎茶，请模拟场景为其提供服务。

(3)1503 房间的客人退房，客房服务员协助行李员为客人搬运行李，并为客人送别，请模拟场景为其提供服务。

(三)课后练习

学生利用课余时间到操作间按照教师所示范的动作分组反复练习，达到考核标准。

四、考核标准

表 3-9 客房迎送服务实训考核表

项目	分数	要求和标准	细节分配	扣分	得分
准备工作	15	了解客人信息，准确、无遗漏	7		
		准备香巾、茶具、加椅等	8		
迎接客人	45	客人出电梯后，服务员面带微笑，礼貌问候	4		
		使用姓氏称呼客人，并作自我介绍	4		
		主动帮助客人提拿行李	3		
		在客人侧前方 1m 处引领客人，并能适当与其交谈	5		
		到达客房门口，按照开门程序敲门	3		
		请客人先进房间，并将客人行李放在行李架上	3		
		向客人适当介绍房内设施设备，自如回答客人提问	5		
		询问客人有无其他需求	3		
		向客人道别并祝客人住店愉快，面向客人退出房间并轻轻关上房门	3		
		向客人提供香巾、茶水时，先宾后主，先主要客人后陪同客人，先女宾后男宾	6		
		先放香巾，后放杯垫和杯子，杯子把冲向客人右手处，五指并拢用手势示意客人享用，(可采用蹲式服务)体现对客人的尊重	6		

续表

送别客人	20	协助行李员(或客人)搬运行李	5		
		主动热情地将客人送到电梯口,帮客人叫梯	5		
		候梯时适当征询客人住店意见	5		
		用敬语向客人告别,电梯门关闭后离开	5		
整体要求	20	语言规范,动作娴熟、优雅	10		
		仪容仪表整洁大方,面带微笑	10		
总计	100		100		

实训项目五　洗衣服务

一、实训要求

表 3-10　　洗衣服务实训标准与要求

实训项目	洗衣服务
实训时间	1 学时
实训目标	训练结束时,让学员掌握收取和送还客人洗衣的相关程序和细节,提高对客服务质量,避免引发洗衣纠纷
实训标准与要求	1. 收衣时做好客衣的检查与确认,请客人签名,并说明送回时间 2. 送衣时按照客人的要求悬挂或折叠好,用洗衣筐盛装后送回客人房间 3. 遇有客衣破损等需确认或房间 DND 无法送回等情况,要放置"洗衣说明条"以做好与客人的沟通
实训工具	洗衣袋、洗衣单、洗衣筐、客衣服务单、送衣卡、"衣服已洗好"说明
教学方法	讲解和示范相结合
讲授	收送客衣的程序和要领以及应注意的事项
示范	收送洗衣的程序方法
练习	学生按照教师所示范的程序要领分组反复练习
测试方法	能应对洗衣收送程序中出现的各种问题,提供准确灵活的洗衣服务

二、知识点

洗衣服务是酒店为满足客人住店期间衣物洗烫的需求而由客房部提供的一个重要服务项目。根据衣物洗涤的方式分为干洗、水洗和熨烫三种。按照洗衣时间的要求又可分为普通洗衣和加快洗衣两种。普通洗衣多为上午收衣，下午送衣；如下午收衣，则次日中午送回。加急洗衣一般在 4 小时内送回，加收 50% 的服务费。酒店客房内均配有洗衣袋和洗衣单，客人填写洗衣单后，将所要洗涤的衣物放到洗衣袋内，由服务员收取交洗衣房洗涤。

洗衣服务是客房对客服务的重要环节，且客人对洗衣质量要求高，服务员提供此项服务要认真仔细、专业高效，以免发生洗衣纠纷。

四、五星级饭店应采用布制洗衣袋，衣物应使用特制盛具交还，并根据宾客要求折叠或悬挂。见图 3-17。

图 3-17　洗衣服务

洗衣服务的过程要求如下：

1. 进房

按照敲门程序进行操作。酒店通常规定服务员每日上午均应检查住客房是否有洗衣，以便及时收取。

2. 收衣

(1)检查客人所洗衣物是否有破损、特殊污点、褪色、串色，口袋内是否有物品，纽扣是否有脱落；如有此类问题，应向客人进行确认，并在洗衣单上注明。检查确认无误,请客人签名。一般情况下,饭店不主张服务员代客人填写洗衣单,特殊情况经客人同意,服务员可代客人填写,但必须请客人签名确认。

(2)如客人不在房间,有需确认问题可给客人留一份相应的客衣服务单,待客人回来后第一时间确认。

(3)将客人的衣服与洗衣单一起放入洗衣袋,向客人说明送回时间。如上午收取,当日送回;如下午收取,次日中午送回。

(4)向客人道别,退出房间。

3. 送衣

(1)服务员左手托洗衣筐,右手提挂件。

(2)将洗衣筐放在梳妆台靠门一侧,将挂件放在壁橱内,将送衣卡放在床头柜电话机旁。如有未去除的污渍等问题,一并在送衣卡上标注说明。

(3)如客人在房间,主动问候客人,将衣物放在规定位置或征询客人意见后放在指定地点。请客人检查洗衣质量、数量,确认无误后向客人道别。

(4)在工作报表上记录送衣时间。

(5)如遇房间有 DND 标志或上双锁,将“衣服已洗好”的说明从门缝下塞入房间,并在送衣记录上注明。

三、训练内容

(一)物品准备

准备好洗衣袋、洗衣单、洗衣筐、客衣服务单、送衣卡、“衣服已洗好”说明。

(二)课堂实训

1. 指导教师强调收送洗衣的服务程序及要领并作示范,具体步骤及要求如下:

(1)进房:每日 10 点之前检查住客房有无洗衣。

(2)收衣:做好洗衣的检查确认,说明洗衣送回时间,请客人签名。

(3)送衣:在规定时间内送回客衣,按客人要求折叠或悬挂。

2. 按照操作要领,学生 5 人为一组,其中 2 人分别饰演楼层服务员和宾客,其余 3 人观摩;练习一次后,轮换角色进行练习。练习结束后进行分组总结。

参考的实训分组练习场景:

(1)1116 房间的王先生下午 3 点电话通知收取洗衣,洗衣中有一长裤裤脚开线需要修补,衬衣要求叠放送回,客人预计第二天早晨 8 点离店,请模拟场景为其提供收衣服务。

(2)下午 6 点,王先生在房间,其送洗的西装一套(挂放)和衬衣一件(叠放)已洗好,请模拟场景为其提供送衣服务。

（三）课后练习

学生利用课余时间到操作间按照教师所示范的要领分组练习，能灵活处理各种洗衣问题，达到考核标准。

四、考核标准

表 3-11　　洗衣服务实训考核表

项目	分数	要求和标准	细节分配	扣分	得分
进房	10	按照敲门程序进行操作	10		
收衣	40	亲切礼貌地问候宾客	3		
		认真逐件检查客人所洗衣物是否有破损、特殊污点、褪色、串色，口袋内是否有物品，纽扣是否有脱落	6		
		核对洗衣单上客人所填的姓名、房号、日期、衣物名称、数量、特别要求等项目	6		
		如有问题，向客人确认，并在洗衣单上注明（如客人不在房间，给客人留下客衣服务单）	5		
		准确说明送回时间	5		
		回答客人其他问题	6		
		如没有签名，请客人签字确认	5		
		向客人致谢道别，半侧身退出房间	4		
送衣	30	左手托洗衣筐，右手提挂件	5		
		将洗衣筐放在梳妆台靠门一侧，将挂件放在壁橱内	5		
		将送衣卡放在床头柜电话机旁	4		
		请客人检查洗衣质量、数量	5		
		向客人道别	4		
		在工作报表上记录送衣时间	3		
		如遇房间有 DND 标志或上双锁，将“衣服已洗好”说明从门缝下塞入房间，并作记录	4		
整体要求	20	语言规范，动作娴熟、优雅	10		
		仪容仪表整洁大方，面带微笑	10		
总计	100		100		

实训项目六　物品借用服务

一、实训要求

表 3-12　　物品借用服务标准与要求

实训项目	物品借用服务
实训时间	0.5 学时
实训目标	训练结束时，学生应熟练掌握物品借用服务的工作程序及要求
实训标准与要求	1.确认信息要清晰准确 2.物品输送准确快捷，讲究礼仪，请客人确认 3.及时准确记录客人借用物品，做好工作交接
实训工具	托盘、借用物品(如接线板)、借用物品登记表、签字笔
教学方法	讲解和示范相结合
讲授	物品输送的程序、要领以及应注意的事项
示范	物品输送的程序方法
练习	学生按照教师所示范的程序要领分组反复练习
测试方法	学员掌握为客人输送物品的流程规范

二、知识点

物品借用服务是指客房部为满足客人住店期间的不时之需而提供一些特殊物品，如接线板、加湿器、熨斗、体温计、办公用品等等，通常在客房内“服务指南”中都有列明。

1. 确认信息

(1)接到客人借物用品的信息，第一时间确认客人房号、所需物品名称、数量。

(2)准备相应物品及托盘，并备好借用物品登记表和签字笔。

2. 输送物品

(1)按进房程序敲门进房。

(2)将客人所需物品放在客人指定的位置，询问客人借用时间，并请客人在借用物品登记表上签字确认。

(3)如客人无其他需求,面对客人表示谢意并礼貌地道别。

3. 记录

将客人借用物品情况在服务员工作报表上做交班,方便下一班次人员继续服务。

三、实训内容

(一)物品准备

准备好托盘、借用物品(如接线板)、借用物品登记表、签字笔等。

(二)课堂实训

1. 指导教师强调物品输送的服务程序及要领并作示范,具体步骤及要求如下:

(1)确认信息:清晰准确,及时准备好相关物品。

(2)输送物品:为客人递送所需物品,请客人签字确认。

(3)记录:准确记录,做好交接。

2. 按照操作要领,学生每两人为一组,分组进行练习。

(三)课后练习

学生利用课余时间到操作间按照教师所示范的要领分组练习。

四、考核标准

表 3-13　　物品借用服务实训考核表

项目	分数	要求和标准	细节分配	扣分	得分
确认信息	20	确认客人房号、所需物品名称、数量等信息	10		
		准备相应物品及托盘,并备好借用物品登记表和签字笔	10		
输送物品	50	按进房程序敲门进房	10		
		将物品放在客人指定位置	15		
		询问客人借用时间,并请客人在借用物品登记表上签字确认	15		
		询问客人有无其他需求	5		
		面对客人表示谢意并礼貌地道别	5		

续表

记录	10	在报表上做记录	10		
整体要求	20	语言规范,动作娴熟、优雅	10		
		仪容仪表整洁大方,面带微笑	10		
总计	100		100		

实训项目七　加床服务

一、实训要求

表 3-14　　加床服务实训标准与要求

实训项目	加床服务
实训时间	1 学时
实训目标	训练结束时,学生应熟练掌握加床服务的工作程序及要求
实训标准与要求	1. 接到加床要求,物品准备准确无遗漏 2. 加床:正确选择加床位置,操作规范快捷 3. 增加备品:按一人使用的备品增加布草和相关一次性消耗品 4. 离房,礼貌规范
实训工具	加床、床单、棉被及被罩、枕头及枕套、毛巾、杯具、拖鞋、牙具等一次性用品
教学方法	讲解和示范相结合
讲授	加床的程序、要领以及应注意的事项
示范	加床的程序方法
练习	学生按照教师所示范的程序要领分组反复练习
测试方法	学员掌握为客人加床的流程规范

二、知识点

加床服务是客房部提供给客人的又一项常规服务,有时客人会直接要求客房服务员加床,这时服务员要礼貌地请客人到前台先办理加床手续,接到前台通知后方可加床。

1. 准备

(1)根据前台通知的房号和加床类型、数量进行记录。

(2)准备加床及其配套用具,即床单、枕套、棉被、枕头、各种毛巾、杯具、拖鞋、牙具等一次性用品。

2. 加床

(1)按照进房程序敲门进房。

(2)应根据客人的要求摆放加床,如客人没在房间,则应把加床放在靠卫生间的床与墙壁之间。

(3)加床的做法同中式铺床的方法。

3. 增加备品

将房间水杯、拖鞋各增加一个,将卫生间面巾、方巾、浴巾各增加一个,将备品篮中卫生间洗漱用品各增加一套。

4. 离房

(1)加床结束后,询问客人有无其他需求,面对客人表示谢意并礼貌地道别。

(2)通知房务中心加床完毕。

三、实训内容

(一)物品准备

准备好加床、床单、棉被及被罩、枕头及枕套、四巾、杯具、拖鞋、牙具等一次性用品。

(二)课堂实训

1. 指导教师强调物品输送的服务程序及要领并作示范,具体步骤及要求如下:

(1)准备:接到通知及时准备加床及其配套物品。

(2)加床:根据客人要求摆放或摆在靠近卫生间的地方,加床做法同中式铺床。

(3)增加备品:增加水杯、拖鞋,增加卫生间巾类和洗漱用品各一套。

(4)离房:向客人询问有无其他需求,礼貌道别。

2. 按照操作要领,学生分组进行练习。

(三)课后练习

学生利用课余时间到操作间按照教师所示范的要领分组练习。

四、考核标准

表 3-15　　加床服务实训考核表

项目	分数	要求和标准	细节分配	扣分	得分
准备	10	准备加床、布草及其易耗品一套(少一项扣1分)	10		
加床	40	按照进房程序敲门进房	10		
		征询客人意见后选择合适的地点摆放加床	10		
		铺加床,操作方法同中式铺床的方法	20		
增加备品	20	补充巾类及相应易耗品一套,摆放正确(少一项扣1分)	20		
离房	10	询问客人有无其他需求	5		
		面对客人表示谢意并礼貌地道别	5		
整体要求	20	语言规范,动作娴熟、优雅	10		
		仪容仪表整洁大方,面带微笑	10		
总计	100		100		

实训项目八　擦鞋服务

一、实训要求

表 3-16　　擦鞋服务实训标准与要求

实训项目	擦鞋服务
实训时间	1学时
实训目标	训练结束时,学生应熟练掌握擦鞋服务的工作要领及要求

续表

实训标准与要求	1. 收鞋:准确及时,做好鞋子的检查确认,询问客人处理要求,标明房号 2. 清洁皮鞋:准备好鞋油和擦鞋用具,全面彻底清洁皮鞋 3. 上鞋油:根据皮鞋颜色上油,装饰物做好保护,材质不明确的皮鞋不可贸然上鞋油 4. 抛光:先用擦鞋布将鞋口处鞋油擦去,抛光要用力均匀,避免打花 5. 送鞋进房:做好检查,将清洁干净的鞋用鞋篮盛装并配放一块新的擦鞋布送入客人房间
实训工具	皮鞋一双、鞋篮、鞋油、鞋刷、手套、擦鞋布(3 块)、废旧报纸
教学方法	讲解和示范相结合
讲授	擦鞋的程序、要领以及应注意的事项
示范	擦鞋的方法
练习	学生按照教师所示范的程序、要领反复练习
测试方法	学员掌握为客人擦鞋的流程规范

二、知识点

星级酒店客房通常为住店客人提供免费的擦鞋服务,以便给客人更周到体贴的感觉。客房内通常配有鞋篮、擦鞋布、擦鞋器等,服务员发现客人擦鞋需求,要及时提供。

1. 收鞋

(1)接到客人通知或发现客人的脏鞋已放入擦鞋篮后,按照进房程序敲门进房。

(2)如客人在房间,询问客人有何特殊要求。发现客人的鞋有破损无法处理,提醒客人送修鞋店处理。

(3)特别注意雨天的擦鞋服务。

(4)收取皮鞋后,将鞋连同鞋篮拿到工作间,并用便条写下房号放于鞋内以利于分辨。

2. 清洁皮鞋

(1)在地上铺上废旧报纸,准备好与鞋色相同的鞋油和配套工具后,戴上手套先清洁皮鞋。

(2)用擦鞋布将鞋上的泥土、污迹除尽,系带皮鞋应将鞋带解下擦拭,皮鞋面部、鞋边、鞋跟均要求除迹,清洁鞋底。

3. 上鞋油

(1)以同色鞋油涂抹于皮鞋表面，一般鞋油分为黑色、咖啡色、无色三种，除客人皮鞋为黑色、咖啡色使用同色鞋油外，其余一律用无色鞋油擦拭保养。不宜用油的鞋，绝不要擦油。

(2)注意要在明亮处擦鞋，以避免判错鞋色。

(3)将鞋油均匀地涂抹在皮鞋上，鞋油全部打散开，皮鞋边也不能遗漏。

(4)用鞋刷擦拭鞋面，不同颜色的皮鞋用不同颜色的鞋油刷。

(5)注意不要将鞋油涂抹在鞋面的饰品上，可提前用擦鞋布予以保护。若为特殊皮鞋面或非皮革组合的鞋面，仅作除尘处理，以免损及客人皮鞋。若为自己无法分辨材质的鞋子，须向领班或主管请教，切勿自作主张处理。

4. 抛光

(1)上完鞋油 3～5 分钟后进行抛光。

(2)先用擦鞋布顺着皮鞋口抹一遍，将多余的鞋油擦净。如果是系带皮鞋，应检查洞内是否干净，并将鞋带穿上系好。

(3)用擦鞋布抛光鞋面及鞋边。用力应适度，鞋油不能打花。

5. 送鞋进房

(1)检查皮鞋是否擦拭完好，将放在鞋内的房号取出。

(2)根据客人要求的时间，将擦好的皮鞋装进鞋篮并放上一块擦鞋布送入房间。

三、实训内容

(一)物品准备

准备好皮鞋一双、鞋篮、鞋油、鞋刷、手套、擦鞋布(3 块)、废旧报纸若干。

(二)课堂实训

1. 指导教师强调擦鞋服务的工作程序及要领并作示范，具体步骤及要求如下：

(1)收鞋：询问客人有无特殊要求，检查鞋子是否有破损，标明房号。

(2)清洁皮鞋：用半湿的擦鞋布全面清洁鞋面、鞋边、鞋跟处污渍。

(3)上鞋油：采用不同的鞋油、鞋刷，不宜用油的鞋，绝不要擦油。

(4)抛光：用力适度，鞋油不能打花。

(5)送鞋进房：将擦好的皮鞋装进鞋篮并放上一块擦鞋布送入房间。

2. 按照操作要领，学生分组进行练习。

(三)课后练习

学生利用课余时间到操作间按照教师所示范的要领分组练习。

四、考核标准

表 3-17 擦鞋服务实训考核表

项目	分数	要求和标准	细节分配	扣分	得分
收鞋	20	按照进房程序敲门进房	5		
		检查鞋子有无破损	5		
		询问客人有何特殊要求	5		
		将鞋连同鞋篮拿到工作间,用便条标明房号放于鞋内	5		
清洁皮鞋	20	在地上铺上废旧报纸,备好擦鞋布及与鞋子同色的鞋油、鞋刷	10		
		皮鞋鞋面、鞋跟、鞋边及鞋底无尘土,无污渍	10		
上鞋油	20	用同色鞋油擦皮鞋,鞋面、鞋边、鞋跟油色均匀无遗漏	15		
		鞋面的饰品能有效保护	5		
抛光	10	拭除多余鞋油,由鞋面至鞋边依次抛光,用力均匀,鞋面清洁光亮	10		
送鞋进房	10	检查皮鞋是否擦拭完好	3		
		将放在鞋内的房号取出	3		
		在鞋篮内放好擦净的皮鞋及一块干净擦鞋布,送入房间	4		
整体要求	20	语言规范,操作规范娴熟	10		
		仪容仪表整洁大方,面带微笑	10		
总计	100		100		

实训项目九　计划卫生清洁

一、实训要求

表 3-18　　计划卫生清洁实训标准与要求

实训项目	计划卫生清洁
实训时间	2 学时
实训目标	通过计划卫生主要项目的实训，让学员掌握如何给客房家具上蜡，如何清洗玻璃和翻转床垫，明晰计划卫生对客房卫生管理的重要意义
实训标准与要求	掌握客房家具上蜡、玻璃清洗方法及如何翻转床垫
实训工具	手套、家具蜡、抹布、玻璃刮套装、玻璃清洁剂、水桶、小推车
教学方法	讲解和示范相结合
讲授	家具上蜡、玻璃清洗、床垫翻转的程序、要领以及应注意的事项
示范	家具上蜡、玻璃清洗、床垫翻转的程序和要领
练习	学生按照教师所示范的程序要领练习
测试方法	学员掌握家具上蜡、玻璃清洗、床垫翻转的程序方法

二、知识点

(一)清洁剂

客房卫生清洁中使用大量的清洁剂，因其具有较复杂的化学成分和性能，正确合理使用清洁剂是做好客房卫生保洁的基础。清洁剂按其 pH 值的大小可大致分为碱性清洁剂、酸性清洁剂和中性清洁剂。

1. 碱性清洁剂(pH＞7)

(1)玻璃清洁剂(pH＝7～10)：有液体的大桶装和高压喷罐装两种。前者类似多功能清洁剂，主要功能是除污斑。后者内含挥发溶剂、芳香剂等，可去除油垢，用后留有芳香味，虽价格高，但省力、效果好，使用后会在玻璃表面留下透明保护膜，更方便了以后的清洁工作。

(2)家具蜡(pH 值≈8～9)：形态有乳液状、喷雾状、膏状等。在每天的客房清扫中，对于家具表面的油迹污垢，服务员只能用湿润抹布擦除，这样长期以来会使家具表面失去光泽而皲裂。但家具蜡内含蜡（填充物）、溶剂（除污垢）和硅铜（润滑、抗污）等成分，可去除动物性和植物性的油污，并在家具表面形成透明保护膜，具有防霉、防静电的双重功能。另外，其还具有使用方法简单的特点。先倒一些蜡在干布上，均匀涂擦家具表面，然后再用干抹布反复擦拭即可。

2. 中性清洁剂（pH≈7）

（1）多功能清洁剂：pH 值为 7～8，略呈碱性，主要含表面活性剂，可去除油垢，除不能用来洗涤地毯外，其他地方均可使用，不仅很少损伤物体表面，还具有防止家具生霉的功效。为饭店用量最大的一种清洁剂，宜用于日常卫生。

（2）地毯水：这是一种专用于洗涤地毯的中性清洁剂。因含泡沫稳定剂的量不同，又分为高泡剂和低泡剂两种。低泡剂一般用于湿洗地毯，高泡剂则用于干洗。

3. 酸性清洁剂（pH＜7）

（1）硫酸（pH＝5）：可与尿碱中和，用于清洁卫生间且便器，但要量少且不能常用。

（2）盐酸（pH＝1）：主要用于清除建筑时留下的水泥、石灰斑垢，效果明显。

（3）草酸（pH＝2）：用途同上述两种清洁剂，只是效果更强于硫酸钠。

4. 其他清洁剂

（1）酒精：主要用于房间电话等物品的消毒。

（2）擦铜水：为糊状，主要原理是氧化掉铜表面的铜锈而达到光亮铜制品的目的。只能用于纯铜制品，否则会将镀层氧化掉。

（3）杀虫喷雾剂：对房间喷洒后密闭片刻，可杀死蚊蝇、蟑螂等害虫，使用安全方便。

（二）计划卫生操作程序

在客房的日常清洁工作中，因服务员每日清洁房间的数量较多，不可能对房间每个角落都进行彻底的大清扫，这就需要定期对这些死角及容易忽视的环节进行循环清理，保证客房整体卫生质量的合格和设施设备处于良好状态，这便是客房计划卫生。

计划卫生的项目及时间安排，各酒店要根据各自的设施设备情况及淡旺季合理安排。计划卫生又可分为每日专项清洁的日常计划卫生和周期性清洁的月度、季度计划卫生。

1. 家具上蜡

（1）每周安排一次。

（2）准备好所需要的干净抹布以及家具上光蜡。

（3）将适量的家具上光蜡均匀地喷洒在干抹布上，按从左至右、从上到下的顺序擦拭家具。注意不要遗漏,防止家具发花。

(4)家具上蜡一般不要在住客房进行。在上蜡后要用另一块干净抹布重新擦拭一遍,防止家具蜡污染客人物品。

2. 清洗窗玻璃

(1)准备。准备成套玻璃刮、抹布、水桶,将工具统一放在小推车上。用温水将玻璃清洁剂按比例稀释。

(2)清洗玻璃。

①将窗帘、窗纱拉开至两侧,窗台上及窗台下地毯上各铺一块大抹布,以免脏水滴在窗台上或地毯上。

②用玻璃刮毛条蘸上玻璃清洁剂从左到右、由上到下依次擦洗玻璃,如图3-18所示。

③玻璃清洁剂未干时,用玻璃刮从左到右、由上到下刮玻璃,注意刮水时不要停顿,高位处通过调节伸缩杆长度完成清洁。

④每次刮完用抹布擦一下刮条,用抹布擦净窗框及窗台遗留的污水。

(3)结束。将窗帘、窗纱归位,将工具收好,放回工作间。

图 3-18 擦玻璃

3. 翻转床垫

(1)正确标号。

①将床垫上下头尾两侧分别标号,代表四个季度。正面为单数,反面为双

数；床垫正面下边中间标号为“1”，上边中间标号为“3”；床垫反面下边中间标号为“2”，上边中间标号为“4”。

②床垫上的标号清晰，不得擅自更改、涂写。

(2)翻转床垫：每季度翻转，季度与标号相符。

①第一季度以标号“1”在正面下边中间为准。

②第二季度将床垫从右向左翻转 180°，使标号“2”置于正面下边中间。

③第三季度将床垫从床头向床尾翻转 180°，使标号“3”置于正面下边中间。

④第四季度将床垫从右向左翻转 180°，使标号“4”置于正面下边中间。

⑤第一季度将床垫从床头向床尾翻转 180°，使标号“1”置于正面下边中间，以次类推。

三、实训内容

(一)物品准备

准备好手套、家具蜡、抹布、玻璃刮套装、玻璃清洁剂、水桶、小推车等。

(二)课堂实训

1. 指导教师讲解计划卫生的工作程序及要领并作示范，具体步骤及要求如下：

(1)家具上蜡：不要遗漏，防止家具发花、家具蜡污染客人物品。

(2)清洗窗玻璃：注意防护，全面无遗漏。

(3)翻转床垫：正确标号，将床垫正反头尾分别标号，代表四个季度。每季度翻转，季度与标号相符。

2. 按照操作要领，学生分组进行练习。

(三)课后练习

学生利用课余时间到操作间按照教师所示范的要领分组练习。

四、考核标准

表 3-19 计划卫生清洁实训考核表

项目	分数	要求和标准	细节分配	扣分	得分
家具上蜡	30	准备好抹布、家具上光蜡	5		
		按从左至右、从上到下的顺序擦拭家具，上蜡均匀，操作正确无遗漏，无发花现象	15		
		上蜡后要用另一块干净抹布重新擦拭一遍，家具表面清洁光亮	10		
清洗窗玻璃	40	准备成套玻璃刮、抹布、水桶，将工具统一放在小推车上	5		
		用温水将玻璃清洁剂按比例稀释	3		
		将窗帘、窗纱拉开至两侧，窗台上、下各铺一块大抹布	3		
		用玻璃刮毛条蘸上玻璃清洁剂从左到右、从上到下依次擦洗玻璃	10		
		用玻璃刮条从左到右、从上到下顺序刮水，不要停顿	10		
		每次刮完用抹布擦一下刮条	2		
		用抹布擦净窗台、窗框遗留的污水	2		
		将窗帘、窗纱归位，收好工具，放回工作间	5		
翻转床垫	20	掌握床垫正确标号的方法	10		
		能正确翻转，季度与标号相符	10		
整体要求	10	技术娴熟，动作规范，清洁干净符合标准	10		
总计	100		100		

第四篇　饭店餐饮服务技能实训

餐饮服务基本技能是指与餐饮业务相关的、规范的基本技能或技巧。熟练地掌握餐饮服务基本技能是做好服务工作、提高服务质量的基本条件。餐饮服务的每个环节都有特定的操作方法、程序和标准，掌握过硬的服务技能，才能在规范化、程序化和标准化操作的基础之上，为客人提供高品质的个性化服务。

图 4-1　餐厅

实训项目一　托　盘

一、实训要求

表 4-1　　托盘实训标准与要求

实训项目	托盘
实训时间	2 学时
实训目标	训练结束时,学生应熟练掌握托盘的操作要领及操作程序
实训标准与要求	1. 姿势:用五个手指和手掌根部托住盘底,重心压在大拇指根部,使重心点和左手五指指端形成六个力点,掌心不与盘底相触,掌握盘面的平稳 2. 平托于胸前,左手臂自然弯曲 90° 3. 行走:行走时,头正肩平,上身挺直,两眼注视前方,脚步轻捷稳健,托盘随步伐在胸前自然摆动 4. 理盘、装盘、起托、行走、卸盘的方法正确,能够持续 5 分钟,托盘平稳,无翻盘、杯中水外溢等情况的发生
实训工具	托盘、各式酒瓶、水 、秒表
教学方法	讲解和示范相结合
讲　授	托盘的要领、程序以及应注意的事项
示　范	轻托和重托的操作要领
练　习	学生按照教师所示范的动作分组反复练习
测试方法	男生托 4 瓶酒水,女生托 3 瓶酒水,均应做到不滴不洒,符合操作要领,轻托时间达到 5 分钟为合格

二、知识点

正确使用托盘,是每一位餐厅服务人员必须掌握的一门基本技能。这不仅体现了餐饮工作的规格化、档次化,也显示了服务人员的文明操作。要求服务人员在操作中做到手不离盘,即使送账单,找零钱,也要用托盘,而且操作时要特别注意讲究卫生。

(一)托盘的分类及用途

1. 按质地分

托盘有木质的、金属的(如银质、不锈钢)及胶木的等等。现在饭店多采用防滑托盘，有些高档宴会还用银托盘。

2. 按规格分

托盘有大、中、小三种规格，形状有长方形、圆形及不规则形。大、中号方形托盘多用于托送较重物品，有的也用于展示饮品、菜品。小圆托盘多用于席间服务、递送账单等物品。

（二）托盘轻托的操作方法

轻托也称为“胸前托”或“腰托”，用于席间服务的操作，所托重量一般在5kg左右。

1. 理盘

根据不同用途选择适用托盘，洗净擦干，然后垫上经过消毒的餐巾或专用盘布。盘布要铺平拉正，然后洒一点儿水，可避免盘布在托盘内滑动。盘布可起到卫生、美观和防滑的作用。

2. 装盘

装盘时需要根据物品的形状、体积和使用的先后次序合理安排摆放位置。原则上重物、高物放在托盘的里侧（靠近身体的一侧），轻物、低物放在外侧（远离身体的一侧）；先上桌的物品在上、在前，后上桌的物品在下、在后，装盘时要做到重量分布均匀。

3. 起托

左手臂自然弯曲成90°，掌心向上，五指分开，以大拇指指端到手掌的掌根部位和其余四指托住盘底，手掌自然形成凹形，掌心不与盘底接触，肘部离开腰部约15cm。手指随时根据盘上各侧面的轻重变化而作相应的调整，以便保持托盘平稳。起盘时把左手和左肘放到与托盘同一平面上，用右手轻轻地把托盘拉出，当托盘重心移至左手掌心时，均匀用力将托盘托起，身体保持直立。

4. 行走

行走时要头正肩平，上身挺直，两眼注视前方，步履轻快，托盘不贴腹。托托盘的手腕要轻松、灵活，托盘应随着走路的节奏自然摆动，以菜汁、酒水不外溢为限。行走时切忌僵硬死板，不同情况下使用不同的走路方法。

(1)常步：步伐均匀，快慢适中，用于餐厅日常服务。

(2)快步：步速比常步略快，步伐加大，在运送火候菜品时，需要以最快的速度走路，将菜品送至客人处，以保持菜形和菜味尽可能不变，但注意不能跑动。

(3)碎步：步距小而快的中速行走。运用碎步需保持上身平稳，避免汤汁溢出。碎步端托适用于运送汤汁多的菜肴及重物。

(4)垫步：一只脚在前，一只脚在后，前脚侧一步，后脚跟一步。需要侧身通过时常用垫步。

5. 卸盘

到达目的地后，先将托盘一边平稳放到桌面上，再向内推进将托盘完全置于桌面上，然后取出物品。

6. 托盘服务

服务时要侧身立于客人右侧，托盘悬于客位之外，身体重心放于右腿，左脚后跟抬起，双脚呈正"丁"字形。服务时右手拿取物品，随时根据盘内物品的数量、重量调整手指和托盘的位置，以保持平衡。如图 4-2 所示。

图 4-2 托盘站立

7. 注意事项

(1)服务中不能用以大拇指按住盘边、另外四指托盘底的做法或两手端盘的做法，这是对工作轻慢、对宾客不礼貌的举动。

(2)不可将托盘越过客人头顶，以免发生意外。

(3)任何时候都不能竖拿托盘。

(4)随着盘内重量的改变随时调整托盘重心，以免翻洒。

(5)严禁端托盘在餐厅内跑动。

(三)托盘重托的操作方法

重托也称为"肩托"，主要用于托送大型或较重的菜点、酒水和盘碟等。一般所托重量在 10～20kg，一般选用大、中号方形托盘。重托与轻托的操作程序大致相同，但具体操作方法略有不同。

1. 理盘

由于重托常用于传菜和运送盘碟，一般油腻较重，使用前后应将盘面清理干净并进行消毒。

2. 装盘

托盘内的物品应分类摆放，重量分配均匀，并注意把物品按高矮大小摆放协调，避免乱放造成餐具破损。装盘时物与物之间要适当留有间隔，以免端托时发生碰撞产生声音。重托装盘时经常需要叠放，叠放时需要注意：上层的菜盘要摆在下层两盘或三盘的盘沿上，通常呈“金字塔”形叠放。装盘时应注意冷热食物分开，不要将冷的食物叠放在热的食物上，避免温度传递造成食物味道改变。装运盛有液体器皿时，应将器皿放于托盘中间，避免发生泼洒或造成烫伤。

3. 起托

起托时应先将托盘用右手拉出桌面的 1/3，右手扶托盘将托盘托平，双脚分开呈外八字形，双腿下蹲，呈马步姿势，身体略前倾。左手五指分开，用整个手掌托住托盘底部。手掌确定好托盘重心后，用右手扶住托盘边沿，协助左手向上用力将托盘托起，随后左手腕向左后方旋转 180°，在托盘向上向左旋转过程中将其送至左肩外上方。托盘托起后应悬空托于左肩上方，盘底距肩约 2cm，托盘边缘距左耳约 2cm，前端稍向外侧，不能贴于脸旁或嘴上。

4. 行走

行走时步伐不宜过大、过急，盘面保持平衡，防止汤水外溢。右手自然摆动，或扶托盘前角。

5. 卸盘

卸盘时左脚向前一步，用右手扶住托盘边缘，左手向右转动手腕，同时，托盘向右旋转，待盘面从左肩移至与台面平行时（呈轻托状态），再用左臂和右手向前推进。

6. 注意事项

(1)随时关注他人，避免发生碰撞。

(2)物品摆放有序。

(3)重心平稳，量力而行。

三、实训内容

（一）物品准备

准备好托盘（按每组学生人数配备）、各式酒瓶（按每组学生人数的 4 倍量配备并注满水）、秒表等。

（二）课堂实训

1. 指导教师强调静托操作要领并作示范。具体步骤及要求如下：

(1)理盘：盘面清理干净整洁

(2)装盘：根据托运物品特点及使用顺序合理摆放于托盘内。

(3)起托:用五个手指和手掌根部托住盘底,重心压在大拇指根部,使重心点和左手五指指端形成六个力点,掌心不与盘底相触,掌握盘面的平稳 ,左手臂自然弯曲 90°。

(4)到达目的地后,先将托盘一边平稳地放到桌面上,再向内推进将托盘完全置于桌面上,然后取出物品。

◎练习一:托盘内放两个酒瓶,时间为 2 分钟。要求掌握轻托要领。

◎练习二:男生托盘内放 4 个酒瓶,女生放 3 个酒瓶,轻托时间为 3 分钟。

◎练习三:男生托盘内放 4 个酒瓶,女生放 3 个酒瓶,轻托时间为 5 分钟。

2. 指导教师强调托盘行走操作要领并作示范。具体要求:

行走时,头正肩平,上身挺直,两眼注视前方,脚步轻捷稳健,托盘随步伐在胸前自然摆动。跨越障碍时保持托盘平稳。

◎练习一:托盘内放 3 瓶酒水,绕场行走练习,中间设障碍,要求学生在跨越障碍时保持平衡。重复练习。

◎练习二:托盘内放 3 瓶酒水,将 1 瓶酒水放置于前方地面,学生在行走过程中将酒水加至托盘,调整托盘重心。保持托盘平稳。重复练习。

(三)课后练习

学生利用课余时间到操作间按照教师所示范的动作分组反复练习,达到考核标准。

四、考核标准

表 4-2　　托盘实训考核表

项目	分数	要求和标准	细节配分	扣分	得分
码放托盘	20	选择干净、无水渍的托盘	5		
		理盘:重的、高的放内侧,矮的、低的放外侧;先拿的放外侧,后拿的放里侧	10		
		托盘内物品商标朝向客人	5		

续表

静托	60	两肩平行，用左手托托盘	5		
		左手上臂垂直于地面，下臂向前抬起与地面平行，上臂与下臂垂直呈 90°角	5		
		手掌掌心朝上，五指张开，大拇指指端到手掌的掌根部位和其余四指托住盘底，手掌自然形成凹形，掌心不与盘底接触	5		
		左手手肘离腰部一拳距离	5		
		右手放于背后	5		
		按标准站姿站立	5		
		男生托盘内放 4 瓶啤酒托 5 分钟（如不到 5 分钟，每少一分钟扣 3 分，少于 3 分钟不得分）	15		
		女生托盘内放 3 瓶啤酒托 5 分钟（如不到 5 分钟，每少一分钟扣 5 分，少于 3 分钟不得分）	15		
整体要求	20	操作规范，动作娴熟、优雅	10		
		表情自然大方，姿势优美，面带微笑	10		
总计	100		100		

注意：如有托盘内物品摔落到地，一次扣 10 分；倒盘现象，一次扣 5 分；用右手扶托盘，一次扣 3 分。

实训项目二　餐巾折花

一、实训要求

表 4-3　　餐巾折花实训标准与要求

实训项目	餐巾折花
实训时间	2 学时
实训目标	训练结束时，学生应熟练掌握 10 种折花基本方法
实训标准与要求	1. 能够熟练掌握餐巾花的基本折法 2. 要求动物造型、植物造型、实物造型的餐巾花都有，并且花形美观大方
实训工具	餐巾（无折痕）、垫布、消毒毛巾、餐碟、水杯、筷子、秒表
教学方法	讲解和示范相结合
讲授	餐巾折花的要领、程序以及应注意的事项
练习	学生按照教师所示范的动作分组反复练习
测试方法	10 分钟内折叠 10 种餐巾花（5 种杯花、5 种盘花）

二、知识点

餐巾又名“口布”“席巾”，客人进餐时铺在腿膝上或围在胸前，以防止菜汁、酒液洒落，弄脏衣服。同时，餐巾花既能装饰美化席面，给宴会增添热烈欢快的气氛，又能运用不同的造型及摆设作为宾主席位的标志，便于客人入座。餐巾折花要整体挺括、和谐，与餐桌的设计主题相符合。

(一)餐巾的种类与规格

1. 分类

(1)按质地分类。通常使用的餐巾大多以全棉餐巾和化纤餐巾两种材质居多。使用过程中两种质地的餐巾各有利弊：全棉餐巾吸水性较强、去污性较好，尤其浆洗后挺括易折叠，造型效果好；但是每次使用后都需要上浆、烫挺，且耐用性较差，易破损。化纤餐巾有弹性，比较平整，易洗易干，不用浆烫，使用方便，而且耐用性强；但吸水性、去污性较差，折叠造型的可塑性较差。通常高档酒店大多选用全棉餐巾。

(2)按色泽分类。通常餐巾有白色和彩色之分。白色给人以清洁卫生、恬静文雅的感觉。彩色餐巾又分暖色和冷色。粉红、橘橙、鹅黄等暖色给人温馨的感觉，增加用餐者食欲；淡蓝、淡绿等冷色给人平静、凉爽的感觉。喜宴、寿宴等大多用红色餐巾，增加宴会的热烈气氛。通常状况下，餐巾的颜色选择应与餐厅的风格、色调、季节及宴会需要进行搭配，起到装饰餐厅、画龙点睛的效果。

2. 规格

餐巾通常为边长 50～60cm 的正方形，一般不使用异形或特殊尺寸，否则折叠效果不佳，且不便使用。

(二)餐巾折花的种类

1. 按折叠方法与摆设工具分类

餐巾折花种类繁多，按折叠方法与摆设工具的不同，可分为杯花、盘花和环花三大类。杯花插入杯中完成造型，取出即散开。盘花独立成形，成形后不会自行散开，可放在盘中或桌面上。西餐均使用盘花，且西餐早中晚餐折花要求有所不同。环花是将餐巾平整卷好或折叠形成一个尾端，套在餐巾环内。从餐巾折花的发展趋势来看，要求美观大方、造型简单、叠法快捷、拆用方便，造型上力求形象逼真生动。因此，盘花和环花使用得越来越多。如图 4-3 所示。

2. 按造型分类

按餐巾折花造型的外观可分为植物类、动物类和实物类。

（三）花型的选择和运用

花型的选择和运用有多方面的因素。如：宴会性质、规模，规格；季节时令（如夏季折扇面），宾客的宗教信仰。再有宾主席位的安排，譬如主人位上的是主花，花型美观、醒目；还有风俗习惯，各国都有忌花，如日本忌荷花，意大利忌菊花，德国人忌郁金香，法国人忌核桃花，印度人用餐时忌白色等。这些因素都是选择花型时需要考虑的因素。

图 4-3　盘花

（四）餐巾花的折叠技法和要领

1. 叠

叠就是将餐巾一折为二，二折为四，或折成三角形、长方形、菱形、梯形等形状。叠有折叠、分叠两种，折叠时注意要一次成功，避免多次重复产生折痕，影响美观。

2. 折

折是打褶时运用的一种手法，是将餐巾折成褶裥形状，使花形层次丰富、紧凑、美观。打褶时，先用双手的拇指和食指分别捏住餐巾，两个大拇指相对呈一线，指面向外，中指控制好下个折的距离，拇指、食指握紧餐巾，向前推折到中指处，中指再腾出去控制下一个折的距离，三个指头相互配合向前折。所折要求距离相等，高低大小一致，每折的宽度根据花形不同而有区别，一般每折宽 2cm 左右。

3. 卷

卷是将折叠的餐巾卷成圆筒形的一种方法，可以分为斜角卷和平行卷两种。斜角卷就是将餐巾一头固定，只卷另一头，或者一头少卷，另一头多卷的卷法。

平行卷是将餐巾两头一起卷拢，要求卷得平直。斜角卷要求两手能按所卷角度的大小，相互配合好；平行卷要求两手用力均匀，一起卷动，餐巾两边开关必须一样。无论采用哪种卷法，都要求卷紧，否则就容易软塌弯下，影响造型。

4. 穿

穿是用工具从餐巾的夹层折缝中穿过去，形成皱褶，使造型更加逼真美观的一种方法。一般用筷子作为工具，根据花形确定需要选用筷子的数量。穿之前，餐巾一般都要打折，这样容易穿紧，看上去饱满，富有弹性。穿时左手握住抓好的餐巾，右手拿筷子，将筷子细的一头穿进餐巾的夹层折缝中，另一头顶在桌子上，然后用右手的拇指和食指，将巾布慢慢往里拉，把筷子穿过去。皱褶要求拉得均匀。穿筷褶皱后的折花，一般应先将它插进杯子，再把筷子抽掉，否则皱褶容易散开。

5. 翻

餐巾折叠过程中，上下、前后、左右、里外改变部位的翻折，均可称为翻。如将中角从下端翻折到上端，两侧向中间翻，前面向后面翻，或将夹层的里面翻到外面等。折叠花朵、叶子和鸟类的翅膀、头尾，一般使用这种折法。

6. 拉

拉就是牵引，常常与翻的动作相配合，在翻折的基础上为使造型挺直，一般使用拉的手法，如折鸟的翅膀、尾巴、头颈和花的茎叶等时，通过拉使折巾的线条曲直鲜明，花形显得挺拔有生气。

翻与拉都在手中操作，一手握住所折的餐巾，一手做翻拉动作。拉时注意用力均匀，否则会损坏花形。

7. 捏

捏主要用于做鸟或其他动物的头。用一只手的拇指、食指、中指三个指头将所折餐巾巾角上端拉挺，然后用食指将餐巾角端向里压下，中指与拇指将压下的巾角捏紧，捏成一个尖嘴作为鸟头。

（五）部分餐巾花图例

1. 非洲香蕉

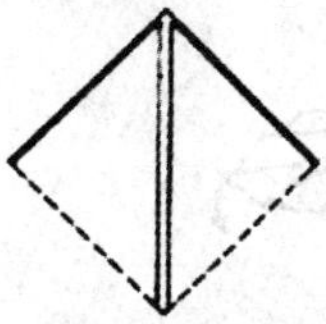

(1)将餐巾沿对角线折叠成等边三角形，再将三角形的两底角向顶角折叠，折成正方形

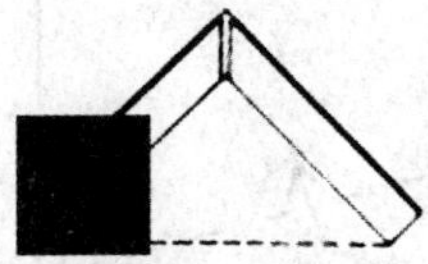

(2)将下面的角向上翻折至离顶角有一小段距离

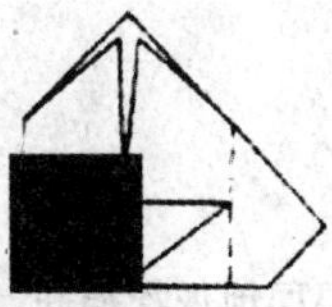

(3)将刚折上来的角往下翻折至底边中心。用左手将翻折下的顶角固定在底边中心，然后准备翻面。一手按住三角形，另一手将一边底角向中间折入约底边长的1/3。同样处理另一边的角。两个折起的角是可以插到一起的

(4)右手四指插入底部将之撑成圆筒形，然后把两边露出的小角往下翻，整理成形

图 4-4　非洲香蕉图例

2. 牡丹花(见图)

(1)将底边微斜向上对折

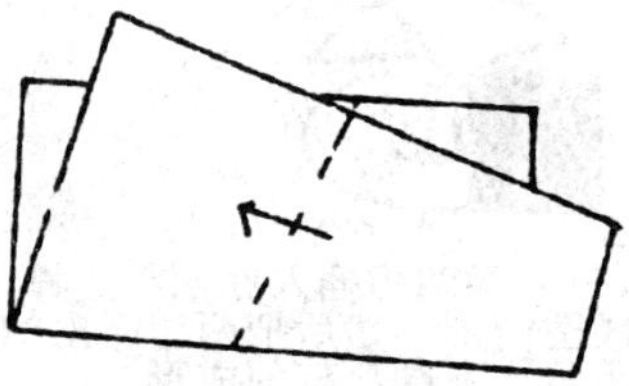

(2)从右向左对折，使4个巾角重合

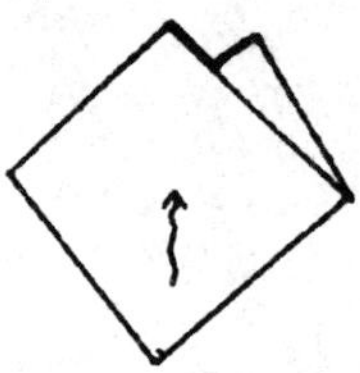

(3)从底角向上均匀捏折

(4)将两边向下对折

(5)先将顶端一层层地依次翻开，再打开底座

(6)放入盘中，整理成形

图 4-5　牡丹花图例

3. 卧鸽

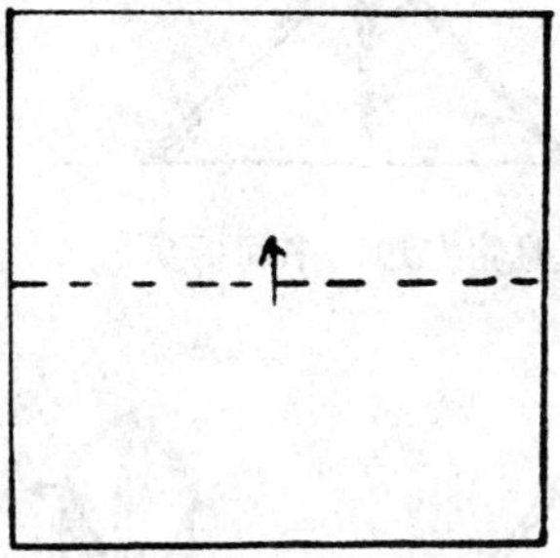

(1)将底边向上对折，与顶边对齐

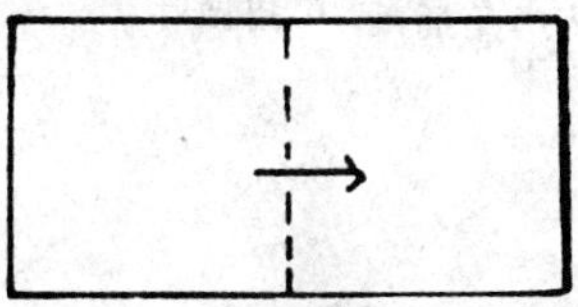

(2)从左向右对折

(3)将右顶角处的4个巾角依次向后错折，间距1厘米左右

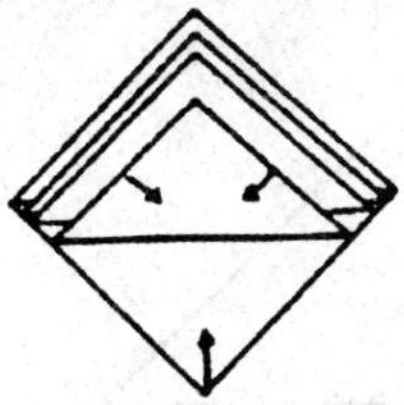

(4)先将外层巾角两边向中间折，做成鸟头，再将底角折上，压中颈部

(5)将两边巾角向后折，一巾角插入另一巾角的夹层中

(6)将3个巾角一起向后折

(7)放入盘中，折下鸟头，整理成形

图 4-6　卧鸽图例

4. 含苞欲放

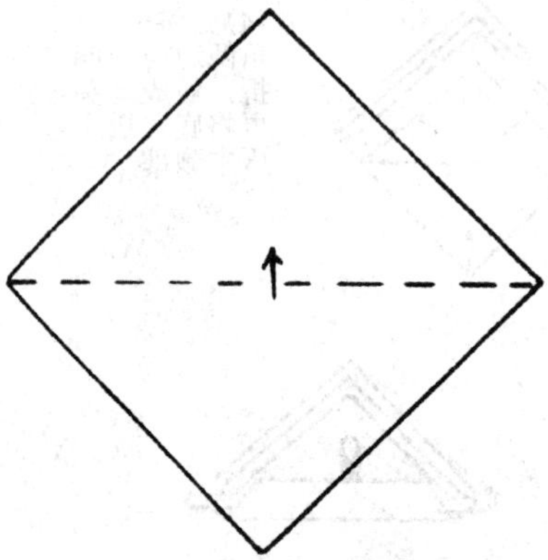

(1)将底角向上对折，与顶角对齐

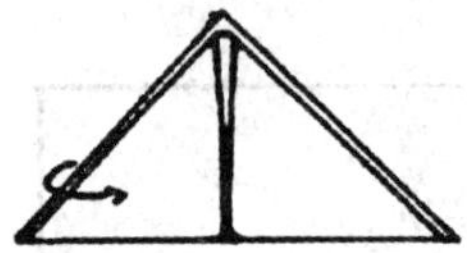

(4)将左边向中间折拢

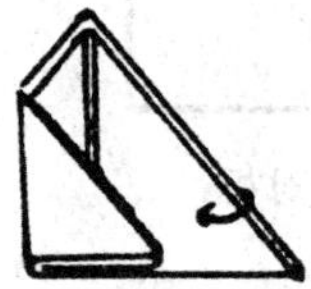

(5)右边也向中间折，并将巾角插入左边夹层中

(6)翻开后面两巾角做叶

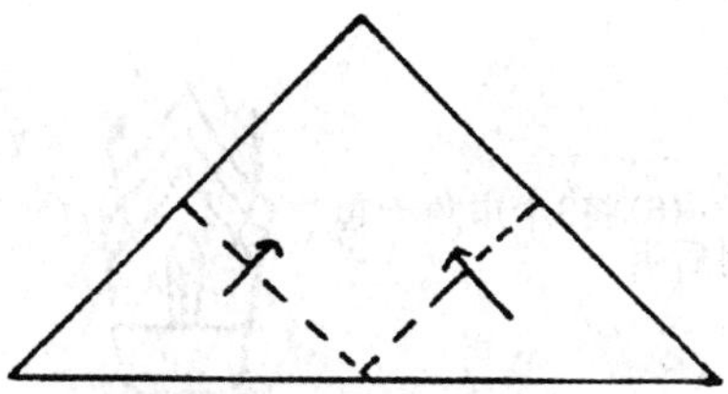

(2)将底边两角向顶角对折

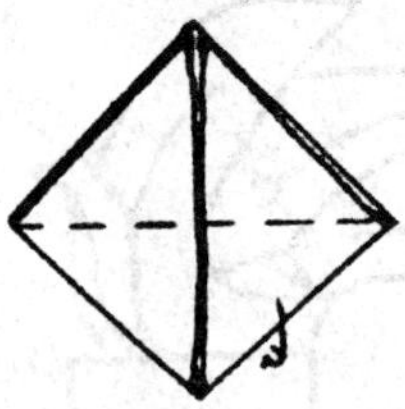

(3)从中间处向后折

(7)放入盘中，整理成形

图 4-7 “含苞欲放”图例

5. 金鱼

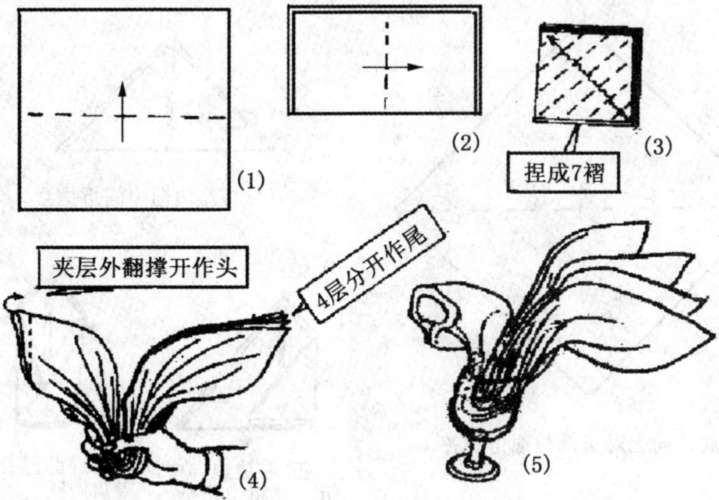

图 4-8　金鱼图例

6. 翼尾鸟

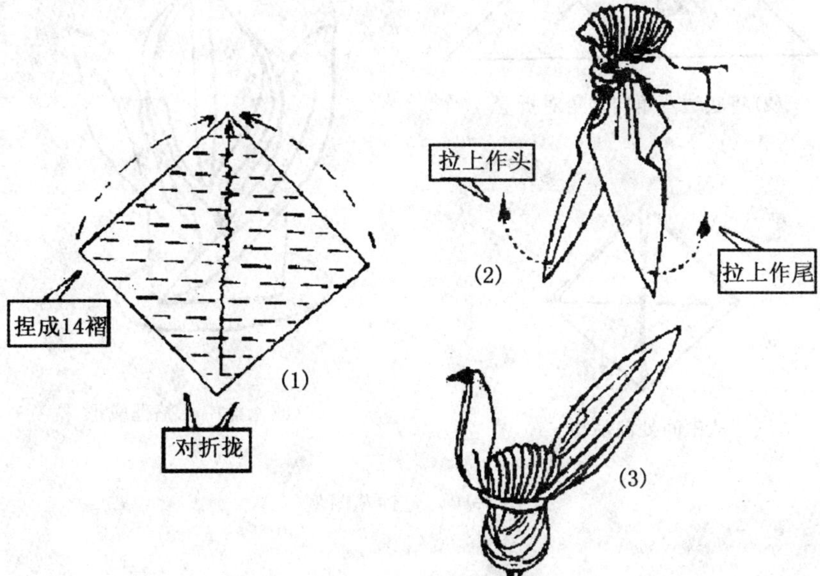

图 4-9　翼尾鸟图例

7. 金钟花

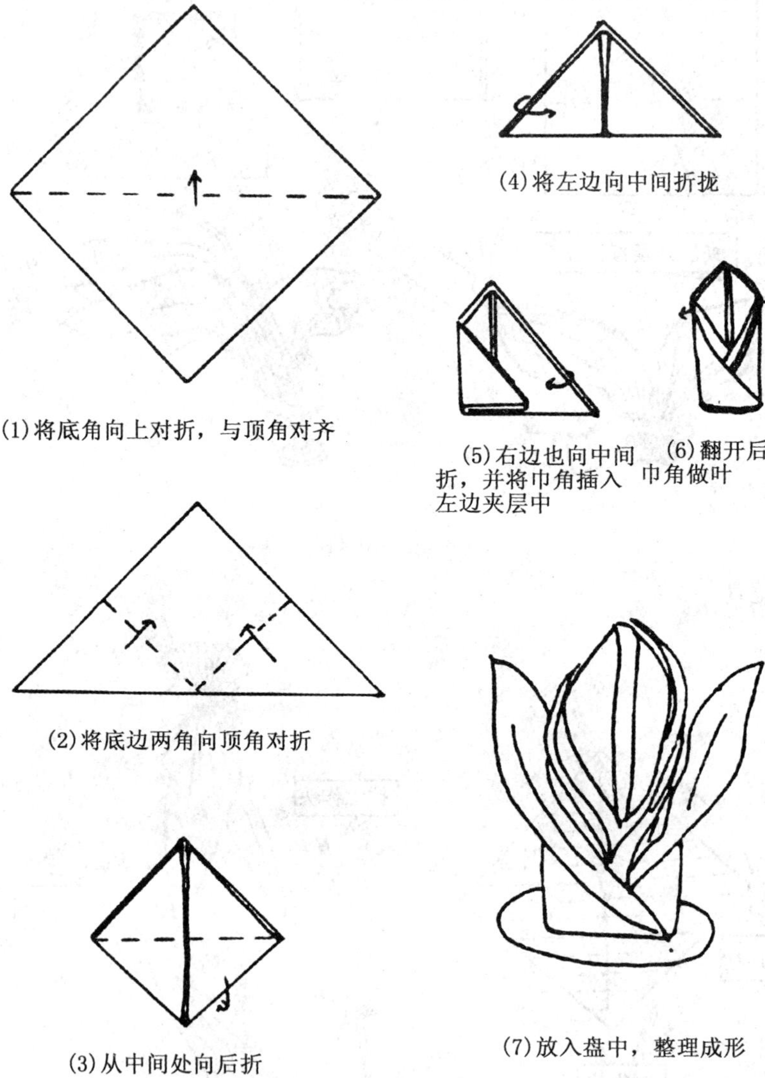

图 4-10　金钟花图例

8. 彩凤

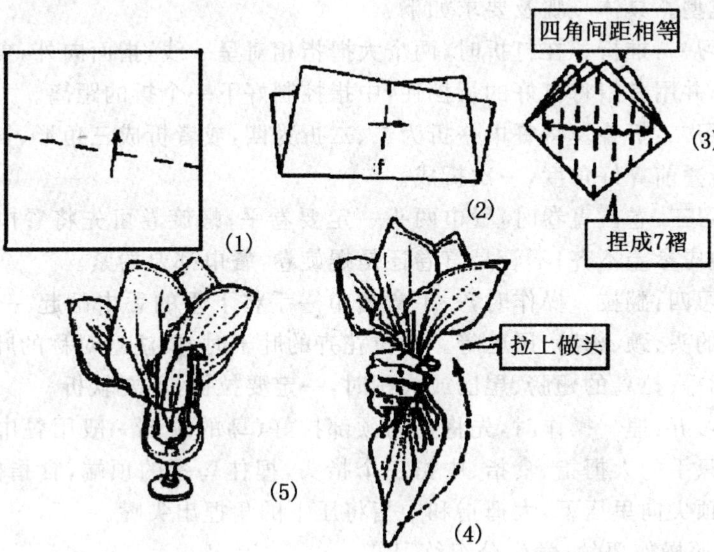

图 4-11 彩凤图例

(六)注意事项

1. 杯花插入时深度适中,保持花形,不要硬塞,以防杯口破裂;盘花则要摆正摆稳,挺立不倒。

2. 摆插餐巾花时,要将最佳观赏角度朝向客人。

3. 主花要摆在主位,不同品种的花形同桌摆放时要注意对称。

4. 餐巾花高度不宜太高,避免挡住客人视线。

5. 操作时应先清洁双手,折叠过程中不要多讲话,避免溅入唾液,折叠时不能用嘴咬。

6. 餐巾折叠时应在干净的垫布上操作。

7. 折花时注意要一次成功,避免重复,多余的褶皱会影响花形美观。

三、实训内容

(一)物品准备

准备好餐巾(无折痕)、垫布、消毒毛巾、餐碟、水杯、筷子(上述物品按学生人数配备,每人1套),秒表1个。

(二)课堂实训

1. 指导教师讲解口布折花要领并作示范,掌握基本折叠手法。能够折叠至少10种花型。具体步骤及要求如下:

◎练习一:推折。在打折时,两个大拇指相对呈一线,指面向外,食指或中指向后拉折,并用食指将打好的折挡住,中指控制好下一个折的距离。

◎练习二:折叠。将餐巾一折为二、二折为四,或者折成三角形、长方形等其他形状;折叠前算好角度,一次折成。

◎练习三:卷。直卷时,餐巾两头一定要卷平;螺旋卷可先将餐巾折成三角形,餐巾边应参差不齐;不管是直卷还是螺旋卷,餐巾都要卷紧。

◎练习四:翻拉。操作时,一手拿餐巾一手将下垂的餐巾翻起一个角,拉成花卉或鸟的头、颈、翅膀、尾巴等。翻拉花卉的叶子时,要注意对称的叶子大小一致,距离相等;拉鸟的翅膀、尾巴或头颈时,一定要拉挺,不要软折。

◎练习五:捏。操作时,先将鸟的颈部拉好(鸟的颈部一般用餐巾的一角),然后用一只手的大拇指、食指、中指三个指头,捏住鸟颈的顶端,食指向下,将餐巾一角的顶尖向里压下,大拇指和中指将压下的角捏出尖嘴。

2. 按照操作要领,学生分组练习。

(三)课后练习

学生利用课余时间到操作间按照教师所示范的动作分组反复练习,达到考核标准。

四、考核标准

表4-4　　餐巾折花实训考核表

项目	分数	要求和标准	细节配分	扣分	得分
叠餐巾	70	按指定品种折餐巾花(5种盘花、5种杯花)	30		
		折叠动作规范、熟练、优美,一次成型;餐巾花形象逼真、线条挺刮	20		
		插入杯中部分保持美观,插入杯中2/3处,餐巾花放入杯中时,手不碰杯口	10		
		注意操作卫生,在垫布内进行,折叠过程中不允许用牙叼咬,折叠餐巾前应用消毒毛巾擦拭双手后操作	10		

续表

摆放餐巾花	10	餐巾花成型后应正面朝外，摆放整齐，高矮有序，突出正、副主人位	5		
		餐巾花观赏面朝向客人	5		
整体要求	20	操作规范，动作娴熟、优雅	10		
		表情自然大方，姿势优美，面带微笑	10		
总 计	100		100		

注意：3 分钟内完成 10 种餐巾折花造型(5 种杯花、5 种盘花)，每超时 10 秒钟扣 5 分，超时 1 分钟不得分。

实训项目三　铺台布

一、实训要求

表 4-5　　铺台布实训标准与要求

实训项目	铺台布
实训时间	2 学时
实训目标	训练结束时，学生应熟练掌握 3 种铺台布的操作方法及要领
实训标准与要求	中餐铺台布： 1. 台布正面朝上，折叠缝正对主人位与副主人位 2. 台布两条十字折叠线交叉点与台面中心点相吻合 3. 台布干净整洁无破损，下垂部分均匀 4. 熟悉台布的不同铺设方法 5. 转芯、转盘摆放到位 6. 动作流畅标准到位 西餐铺台布： 1. 两块台布中凸线重叠于一条直线上 2. 主人位方向台布重叠于副主人位方向台布之上，且重叠 5cm 3. 台布四边自然下垂均匀
实训工具	中餐铺台布：餐桌(高度为 75cm)、圆桌面(直径 180cm)、台布 西餐铺台布：西餐长台(长 240cm×宽 120cm，高度为 75cm)、两块台布
教学方法	讲解和示范相结合
讲 授	铺桌布的要领、程序以及应注意的事项

续表

示 范	桌布的拿法及操作要领
练 习	学生按照教师所示范的动作分组反复练习
测试方法	1. 中餐铺台布要求熟练掌握推拉式、撒网式、抖铺式三种操作方法，一次到位将台布平整铺于台面之上，并将转芯、转盘摆放到位 2. 西餐铺台布要求操作过程中不得多于 4 次整理，顺时针做有序操作

二、知识点

铺台布是指将台布平整均匀地铺在餐桌上的过程。这项工作应在餐前准备时做好。台布的材质、花色及造型应根据餐厅的类别、经营模式及装饰风格等加以选择。台布的尺寸需要根据餐桌的大小确定。由于中西餐饮服务对于餐台的台型要求有很大差别，所以一般情况下中、西餐的台布不宜混用。

（一）铺台布的步骤

1. 中餐铺台布

中餐宴会一般使用圆桌，铺台布时，操作者站立于主人位操作。先将台布抖开，用力不要太大，一次到位；然后将台布进行定位，台布正面向上，十字居中，凸缝朝向主副主人位，下垂均等，台面平整。中餐宴会铺台布一般使用以下三种操作方法：

（1）撒网式。撒网式铺台法一般多用于较为宽大的场地。服务员站立于主人位，右脚在前、左脚在后，将台布正面向上抖开，用两手的大拇指和食指分别夹住台布的一边，其余三指将多余部分提至左肩后方，上身向左转体，下肢不动，并在右臂与身体回转时，台布斜着向前展开。将台布抛至前方后，上身转体回位并恢复至正位站立，这时台布应平铺于餐桌上。

（2）推拉式。推拉式铺台法一般多用于中餐零点餐厅或面积狭小的场地或有客人在餐台周围就座时。服务员站立于主人位，双手将台布打开，正面向上，用两手的大拇指和食指分别夹住台布的一边，其余三指抓住台布，将台布贴着桌面平行推出，拉回时顺势铺平。

（3）抖铺式。抖铺式铺台法一般多用于较宽敞的餐厅或是周围没有客人就座的情况时。服务员站立于主人位，双手将台布打开，用两手的大拇指和食指分别夹住台布的一边，其余三指将多余台布提起置于胸前，身体略前倾，利用腕力将台布向前一次性抖开并平铺于桌面上。如图 4-12 所示。

图 4-12　中餐铺台布——抖铺式

2. 西餐铺台布

西餐铺台布与中餐铺台布的操作方法差别较大。西餐一般使用长台，通常需要两块长方形台布。铺台布时，服务员先站立于副主人位右侧桌边，双手将"M"形折叠的桌布有序展开，顺时针行至副主人位左侧桌边将台布展开；再行至主人位右侧桌边展开第二块桌布，最后行至主人位左侧桌边将第二块桌布平铺在桌面上。两块台布的中凸线均要向上，且要对齐在一条直线上，交接处布面重叠 5cm，主人位方向的台布要重叠于副主人位方向的台布之上。铺台布过程中最多进行 4 次操作完成，台布四边自然下垂且均等，中凸线对齐，整齐美观。如图 4-13 所示。

图 4-13　西餐铺台布

(二)注意事项

1. 铺台布时动作幅度不宜过大，特别是周围有客人就座时，不得影响其他客人。

2. 铺台布过程中台布不能接触地面。

三、实训内容

(一)物品准备

中餐铺台布：餐桌(高度为75cm)、圆桌面(直径为180cm)、1块圆形台布。

西餐铺台布：西餐长台(长240cm、宽120cm，高度为75cm)、两块长方形台布。

(二)课堂实训

1. 指导教师讲解铺桌布要领并作示范。具体步骤及要求如下：

铺台布之前，需要认真细致地对每块台布进行检查，如有破损或有污迹，要及时予以更换。

◎练习一：中餐铺台布

(1)操作者站立于主人位正中。

(2)将折叠好的台布向上，两手拇指和食指抓住桌布边缘。

(3)采用向前叠折或向前挤折的方式，将台布回收两手中，然后抛出台布，借助产生的气流将台布平铺在餐桌上。

(4)铺好的台布要求中凸缝穿过正、副主人位置，十字折线居中。

(5)放圆形滑轨，要求中心点与台布中心对准。

(6)将转盘摆放于桌面中央的圆形滑轨上，转台中心与餐桌、台布、滑轨中心对准。

(7)检查转盘是否旋转灵活。

◎练习二：西餐铺桌布

(1)操作者站立于副主人位右侧桌边。

(2)两手将“M”形折叠的台布有序展开，铺于桌面之上。

(3)顺时针行至副主人位左侧桌边，将台布拉平展于桌面之上。

(4)继续行至主人位右侧桌边，将第二块台布展开平铺于桌面之上。

(5)最后行至主人位左侧桌边，将第二块台布拉平展于桌面之上。

(6)第二块台布要重叠于第一块台布之上，且重叠5cm。

(7)两块台布中凸线向上且在一条直线上，四边均匀自然下垂，整齐美观。

(8)操作过程中操作步骤不得多于4次。

2. 按照操作要领，学生按组练习。

(三)课后练习

学生利用课余时间到操作间按照教师所示范的动作分组反复练习,达到考核标准。

四、考核标准

表 4-6　　中餐铺台布实训考核表

项目	分数	要求和标准	细节配分	扣分	得分
准备	15	站立于主人位正中	5		
		拉开台布,双手食指与拇指抓住台布边缘	10		
铺台布	50	用撒网式、推拉式、抖铺式等操作方法将台布铺开	10		
		采用向前叠折或向前挤折的方式,将台布回收两手中,然后抛出台布,借助产生的气流将台布平铺在餐桌上。要求一次完成,两次扣5分,三次及以上不得分	20		
		正面向上,台布折叠中凸线正对主人位与副主人位	10		
		两条十字折叠线中心正对餐桌中心,台布下垂部分均匀	10		
放转盘	15	放圆形滑轨,要求中心点与台布中心对准	5		
		将转盘摆放于桌面中央的圆形滑轨上,转台中心与餐桌、台布、滑轨中心对准	5		
		轻轻转动看转盘中心是否偏斜,检查转盘是否旋转灵活	5		
整体要求	20	操作规范,动作娴熟、优雅	10		
		表情自然大方,姿势优美,面带微笑	10		
总 计	100		100		

表 4-7　　西餐铺台布实训考核表

项目	分数	要求和标准	细节配分	扣分	得分
铺台布	40	站立于副主人右侧桌边，将台布有序展开	10		
		顺时针绕至副主人左侧桌边，将台布拉开展平	10		
		行至主人位右侧桌边，将第二张台布拉开展平	10		
		最后至主人位左侧桌边，将第二张台布拉开展平	10		
整体效果	40	主人位方向台布交叠于副主人位方向台布上，重叠 5cm	10		
		两张台布中凸线重叠在一条直线上	15		
		台布四边下垂自然均匀，整齐美观	15		
整体要求	20	操作规范，动作娴熟、优雅	10		
		表情自然大方，姿势优美，面带微笑	10		
总 计	100		100		

实训项目四　摆　台

一、实训要求

表 4-8　　摆台实训标准与要求

实训项目	摆台
实训时间	6 学时
实训目标	训练结束时，学生应熟练掌握摆台的操作要领及程序
实训标准与要求	1. 了解中、西餐宴会台形设计方法、要领和规范 2. 了解不同规格的中、西餐宴会在摆台方面的表现手法和要领 3. 了解中、西餐宴会座次的安排规范和要领 4. 初步掌握宴会台席中心美化的方式和规范 5. 熟练掌握中、西餐宴会摆设的布件、餐具和用品的摆设操作规程和规范方法

续表

实训工具	1.中餐摆台所需物品： (1)高度为 75cm 的餐台 (2)直径为 180cm 的圆桌面 (3)餐椅 10 把 (4)防滑托盘 2 个 (5)规格台布 (6)桌裙或装饰布 (7)餐巾 10 块 (8)花瓶、花篮或其他装饰物 1 个 (9)餐碟、味碟、汤勺、口汤碗、长柄勺、筷子、筷架各 10 套 (10)水杯、葡萄酒杯、白酒杯各 10 个 (11)牙签 10 套 (12)菜单两个或 10 个 (13)桌号牌 1 个 (14)公用餐具：筷子、筷架、汤勺各 2 套 2.西餐摆台所需物品： (1)西餐长台：长 240cm，宽 120cm，高度为 75cm (2)西餐椅 6 把 (3)防滑托盘 2 个 (4)台布 2 块：200cm×165cm (5)餐巾 6 块：56cm×56cm (6)装饰盘 6 只：7.2～10 寸 (7)面包盘 6 只：4.5～6 寸 (8)黄油碟 6 只：1.8～3.5 寸 (9)主菜刀/肉排刀、鱼刀、开胃品刀、汤勺、甜品勺、黄油刀各 6 把 (10)主菜叉/肉叉、鱼叉、开胃品叉、甜品叉各 6 把 (11)水杯、红葡萄酒杯、白葡萄酒杯各 6 个 (12)花瓶或其他装饰物 1 个 (13)烛台 2 座 (14)盐瓶、胡椒瓶各 2 个 (15)牙签盅 2 个
教学方法	讲解和示范相结合
讲 授	摆台的要领、程序以及应注意的事项
示 范	教师讲解，操作示范，动作指导
练 习	学生按照教师所示范的动作分组反复练习
测试方法	1.操作时间 15 分钟(提前完成不加分；每超过 30 秒，扣总分 1 分；不足 30 秒按 30 秒计算，以此类推；超时 2 分钟不予继续比赛，未操作完毕，不计分)； 2.物品落地每件扣 3 分，物品碰倒每个扣 2 分；物品遗漏每件扣 1 分；在餐椅内测操作扣 3 分/次；逆时针操作扣 3 分/次

二、知识点

在餐厅服务中特别是宴请活动中，摆台占有十分重要的位置。无论是中餐摆台还是西餐摆台，对餐具的数量、种类及摆放位置，均有严格的统一标准。好的台面不仅能为宾客提供舒适的就餐场所和必需的就餐用具，还能给宾客以赏心悦目的享受，为就餐增添气氛。如图 4-14 所示。

图 4-14　中餐摆台台面

（一）摆台分类

摆台就是在餐台上按照规定的操作程序及要求，摆上用餐时使用的餐具的过程。按饮食习惯的不同，可分为中餐摆台和西餐摆台。按用餐形式，又可分为零点摆台和宴会摆台。

由于各地饮食习惯的不同和餐具规格的不同，各地饭店都有适于本酒店的摆台标准，无论哪种摆台方法都要掌握一个基本原则，那就是方便客人用餐，方便服务员操作，同时能够体现美观大方、清洁整齐。本课主要介绍中餐宴会摆台和西餐宴会摆台及各自的席位安排。

（二）中餐宴会摆台

1. 席位安排

中餐宴会摆台一般多采用圆桌，6～20 人不等。宴会的席次安排在宴请中有非常重要的意义。我国通常习惯按主宾、职务、年龄等作为座次安排的依据。具体规则有四条：第一，面门为主；第二，主宾居右；第三，好事成双；第四，各桌同向。安排座次时还要注意符合礼仪规格，尊重风俗习惯，满足客人的特殊要求。

(1)正式单桌宴会的座次安排。

第一种:主人通常坐在面向门能综观全局的位置,副主人与主人相对而坐,第一主宾坐在主人右侧,第二主宾坐在主人左侧,第三主宾坐在副主人右侧,第四主宾坐在副主人左侧,其他座位是陪同席。如图 4-15 所示。

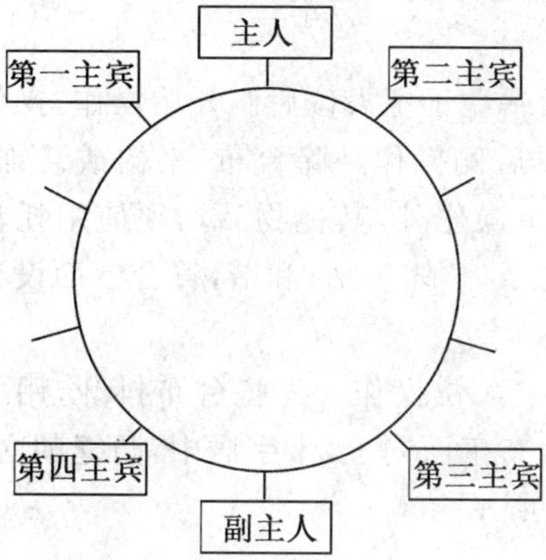

图 4-15　宴会座次

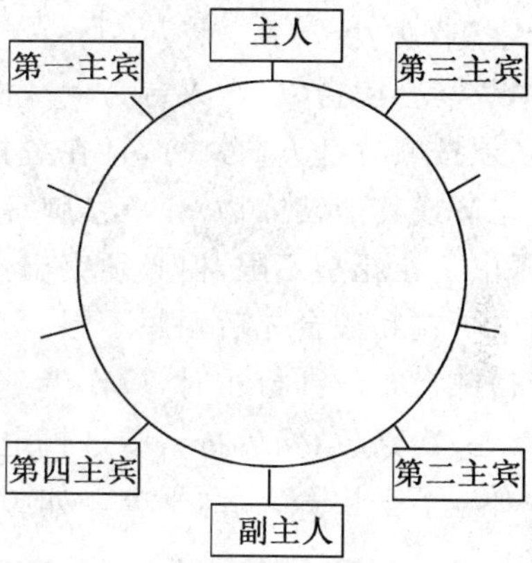

图 4-16　宴会座次

第二种:主人与副主人位置不变,第一主宾坐在主人右侧,第二主宾坐在副主人右侧,第三主宾坐在主人左侧,第四主宾坐在副主人左侧,其他位置为陪同和翻译。如图 4-16 所示。

第三种:正、副主人不变,第一主宾坐在主人右侧,第二主宾坐在主人左侧,第三主宾坐在第一主宾右侧,第四主宾坐在第二主宾左侧,然后依次排列。如图 4-17 所示。

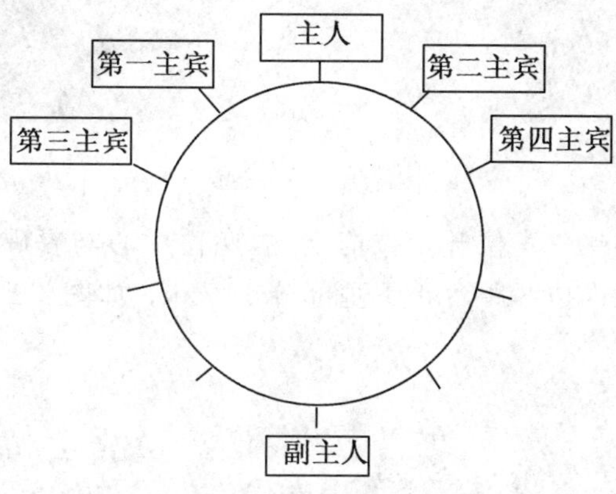

图 4-17　宴会座次

(2)大型宴会桌次安排。

大型宴会桌次安排的原则是：中心第一，先左后右，高近低远。桌与桌之间的距离不得少于2m，桌与墙之间不得少于1.2m。各桌主人位以主桌主人位为基准点。安排方法有两种：一种是各桌主人与主桌主人朝向同一个方向，如婚宴；另一种是各桌主人与主桌主人遥相呼应，如政府性宴请。

2. 操作方法

中餐宴会摆台以10人台为例。操作者站立于主人位后侧开始操作，操作过程中必须按顺时针方向进行，且在餐椅右或后侧操作。除台布、桌裙或装饰布、花瓶（花篮或其他装饰物）和桌号牌等可徒手操作外，其他物品均须使用托盘操作。餐巾折花花型不限，但必须突出主位花型，整体挺括、和谐，符合台面设计主题，餐巾折花和摆台先后顺序不限。

(1)铺台布。铺台布时，操作者站立于主人位操作。先将台布抖开，用力不要太大，一次到位；然后将台布进行定位，台布正面向上，十字居中，凸缝朝向主、副主人位，下垂均等，台面平整。如图4-18所示。

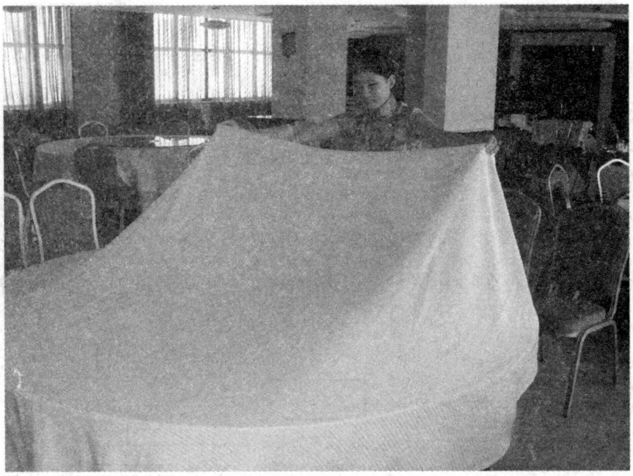

图4-18 铺台布

(2)餐椅定位。从主宾位开始拉椅定位，座位中心与餐碟中心对齐，餐椅之间距离均等，餐椅座面边缘距台布下垂部分1.5cm。如图4-19所示。

图 4-19 餐椅定位

(3)餐碟定位。将餐碟排好放在托盘内,左手端托盘,右手摆放,手持餐碟边缘部分,保证卫生。摆放时从主人位开始按顺时针方向依次进行,一次性定位,碟与碟之间距离相等,餐碟标志对正,相对餐碟与餐桌中心点三点一线,餐碟距桌边 1.5cm。如图 4-20 所示。

图 4-20 餐碟定位

(4)味碟。味碟位于餐碟正上方 1cm 处。如图 4-21 所示。

图 4-21　味碟

(5)汤碗、汤匙。汤碗摆放在味碟左侧 1cm 处，与味碟在一条直线上，汤勺放置于汤碗中，勺把朝左，与餐碟平行。

(6)筷子、筷架和牙签。筷架摆在餐碟右边，与味碟在一条直线上。摆放时应注意筷架的造型图案，如果是动物造型，头应朝左摆放。筷子、长柄勺搁在筷架上，长柄勺距餐碟 3cm，筷尾距餐桌沿 1.5cm，筷套正面朝上。牙签位于长柄勺和筷子之间，牙签套正面朝上，底部与长柄勺齐平。如图 4-22 所示。

图 4-22　筷子、筷架和牙签

(7)公用勺和公用筷。公用餐具摆放在正、副主人位的正上方。按先筷后勺顺序将筷、勺搁在公用筷架上（设两套）。公用筷架与正、副主人位水杯间距

1cm，筷子末端及勺柄向右。

(8)葡萄酒杯、白酒杯和水杯。葡萄酒杯在味碟正上方 2cm，如图 4-23 所示。水杯位于葡萄酒杯左侧，如图 4-24 所示。白酒杯摆在葡萄酒杯的右侧，如图 4-25 所示。杯肚间隔 1cm，三杯呈斜直线，向右与水平线呈 30°角。

图 4-23　摆葡萄酒杯

图 4-24　摆水杯

图 4-25　摆白酒杯

如果餐巾折花是杯花，水杯应待餐巾花折好后一起摆上桌。摆放杯具时应手持杯柄或中下部，不能接触杯身。

(9)餐巾花。花型突出主位，符合主题，整体协调，折叠手法正确、卫生，一次性成形，花形逼真、美观大方。

(10)烟灰缸、火柴。从主人位右侧开始，每隔两个座位摆放一个，放于两个餐碟之间的中线上，架烟孔要朝向两边客人，呈"品"字摆放。火柴应摆放在靠桌心一侧的烟灰缸上，火柴盒的封面向上、火磷面朝向桌边一侧。

(11)装饰花。花瓶(花篮或其他装饰物)摆在台面正中，造型精美，符合主题要求。另外，花瓶(花篮或其他装饰物)的高度不应超过 30cm，避免影响客人视线。

(12)菜单和桌号牌。一般 10 人以下餐台摆放两张菜单，菜单分别摆放在正、副主人的筷子架右侧；12 人以上应摆放 4 份，呈"十"字形摆放。桌号牌摆放在花瓶(花篮或其他装饰物)正前方，面对副主人位。

3. 注意事项

(1)摆台要尊重客人的风俗习惯和饮食特点。如：某些民族、宗教有所禁忌(数字、颜色等)要特别注意；宾主席位安排也要根据各国、各民族的传统习惯确定。

(2)餐具要配套、齐全，摆放要求相对集中，整齐一致，既要方便用餐，又要便于席间服务。

(3)保证餐具、布草的清洁卫生，同时操作过程中也应注意卫生。

(4)服务台上备齐服务用品和备用餐具(多备 20%)。

(5)观察台面,餐碟与圆桌的切线和汤碗、筷架、味碟中心所成的直线平行,与葡萄酒杯、白酒杯、水杯中心所成直线呈30°角。

(三)西餐宴会摆台

1. 席位安排

西餐席面安排与中餐有相当大的区别,中餐多使用圆桌,而西餐一般用长桌或"T"形桌。西餐对于座次的安排十分讲究,正式场合尤为重要。西餐座次一般依照女士优先、恭敬主宾、以右为尊、距离定位、面门为上、交叉排列等原则安排。

2. 西餐宴会摆台

以6人西餐宴会套餐摆台程序为例,摆台台形按餐台长边每边2人、短边每边1人;操作者从副主人位右侧桌边开始,按顺时针方向,在餐椅右或后侧操作。餐巾无任何折痕,餐巾盘花花型不限,但须突出主位花型,整体符合台面设计主题。除装饰盘、花瓶(其他装饰物)和烛台可徒手操作外,其余物品均须使用托盘操作。如图4-26所示。

图4-26　西餐摆台

(1)铺台布。铺台布时,操作者先站立于副主人位右侧桌边,双手将"M"形折叠的桌布有序展开,顺时针行至副主人位左侧桌边将台布展开;再行至主人位右侧桌边展开第二块桌布,最后行至主人位左侧桌边将第二块桌布平铺在桌面上。两块台布的中凸线均要向上,且要对齐在一条直线上,交接处布面重叠5cm,主人位方向的台布要重叠于副主人位方向的台布之上。如图4-27所示。

图 4-27　铺台布

(2)席椅定位。操作者从主人位开始按顺时针方向摆设席椅,站立于席椅正后方操作,席椅之间距离基本相等,相对席椅的椅背中心对准,席椅边沿与下垂台布相距 1cm。

(3)装饰盘。从主人位开始顺时针方向摆设,手持盘沿右侧操作,盘边距离桌边 1cm,装饰盘中心与餐位中心对准,盘与盘之间距离均等。如图 4-28 所示。

图 4-28　摆装饰盘

(4)刀、叉、勺。在装饰盘的两侧由内向外摆放顺序摆放主菜刀/肉排刀、鱼刀、开胃品刀、汤勺、主菜叉/肉叉、鱼叉、开胃品叉、甜品叉等餐具。如图 4-29 所示。摆放时,应手拿餐具的柄处。从主菜刀开始摆放,摆放顺序为:

图 4-29　摆放刀、叉、勺

①主菜刀/肉排刀、鱼刀、汤勺和开胃品刀依次摆放于装饰盘的右侧，刀刃向左，勺面向上。

②主菜叉/肉叉、鱼叉、开胃品叉依次摆放于装饰盘左侧。

③甜品叉放在展示盘的正上方，叉尖向右。

④甜品勺放在甜品叉正上方，与叉平行勺头向左。

各餐具之间的距离标准：

①装饰盘、主菜刀(肉排刀)、汤勺、开胃品刀、主菜叉(肉叉)、开胃品叉与桌边沿距离为 1cm。

②装饰盘与主菜刀(肉排刀)、装饰盘与主菜叉(肉叉)、开胃品叉与面包盘、装饰盘与甜品叉之间的距离为 1cm。

③鱼刀、鱼叉与桌边的距离为 5cm。

④主菜叉(肉叉)、鱼叉、开胃品叉之间，主菜刀(肉排刀)、鱼刀、汤勺、开胃品刀之间；甜品叉与甜品勺之间的距离为 0.5cm。

(5)面包盘、黄油刀和黄油碟。面包盘盘边距开胃品叉 1cm，面包盘中心与装饰碟的中心在一条线上。黄油刀置于面包盘右侧边沿 1/3 处。黄油碟摆放在黄油刀尖正上方，相距 3cm，如图 4-30 所示。黄油碟左侧边沿与面包盘中心呈直线，如图 4-31 所示。

图 4-30　摆面包盘

图 4-31　摆黄油刀和黄油碟

(6)白葡萄酒杯、红葡萄酒杯和水杯。摆放各杯具时应手持杯中下部或颈部。摆放顺序为白葡萄酒杯、红葡萄酒杯、水杯。白葡萄酒杯摆在开胃品刀的正上方,杯底中心在开胃品刀的中心线上,杯底距开胃品刀尖 2cm,三杯呈斜直线,向右与水平线呈 45°角,各杯杯肚之间的距离为 1cm。如图 4-32 所示。

图 4-32　摆杯具

(7)花瓶(其他装饰物)。花瓶(其他装饰物)置于餐桌中央和台布中线上。花瓶(其他装饰物)的高度不超过 30cm。

(8)烛台。烛台中心与花瓶(其他装饰物)中心相距 20cm,烛台底座中心压台布中凸线,且两个烛台方向一致,并与杯具直线平行。如图 4-33 所示。

图 4-33　摆烛台

(9)牙签盅。牙签盅与烛台相距 10cm,牙签盅中心压在台布中凸线上。

(10)椒盐瓶。椒盐瓶与牙签盅相距 2cm,椒盐瓶两瓶间距 1cm,左椒右盐,椒盐瓶间距中心对准台布中凸线。如图 4-34 所示。

图 4-34　摆牙签、椒盐瓶

(11)餐巾盘花。在装饰盘上褶,在盘中摆放一致,左右呈一条线,造型美观、大小一致,突出正、副主人。如图 4-35 所示。

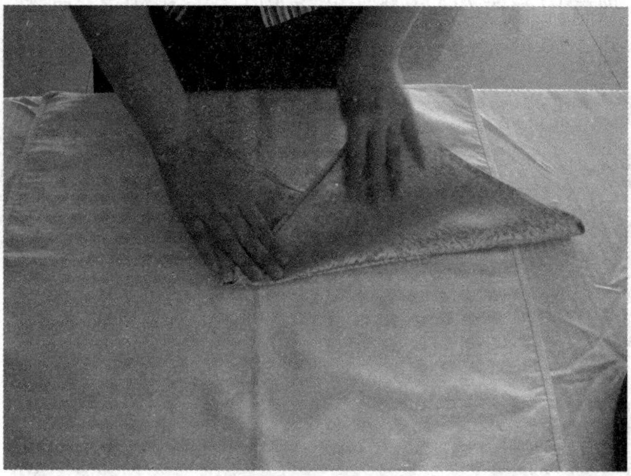

图 4-35　餐巾盘花

3. 注意事项

(1)鲜花高度不要超过 30cm,避免遮挡客人视线。

(2)餐具上要光亮,无手印或水渍。

三、实训内容

（一）物品准备

准备好中餐圆桌、西餐长台、餐椅，中、西餐各式餐具、用具、装饰花等。

（二）课堂实训

1. 指导教师强调中餐摆台操作要领并作示范，具体步骤及要求如下：

(1)餐碟、餐椅定位准确，顺时针操作，尺寸准确。

(2)味碟、汤碗、汤匙、筷子、筷架、公用勺、公用筷及酒具摆放尺寸标准，一次定位。

(3)餐巾花花形突出主位，符合主题，整体协调，折叠手法正确、卫生、一次性成形，花型逼真、美观大方。

(4)装饰物摆在台面正中，造型精美。

(5)菜单和桌号牌摆放位置准确。

2. 指导教师强调西餐摆台操作要领并作示范，摆台具体步骤及要求如下：

(1)餐椅定位，摆设操作从餐椅正后方进行，从主人位开始按顺时针方向摆设，尺寸准确。

(2)装饰盘、餐具、杯具等摆放顺序正确，尺寸标准。

(4)装饰物与烛台摆放于餐桌中央和台布中线上。

(6)牙签盅、椒盐瓶位置尺寸准确。

(7)餐巾盘花造型美观、大小一致，突出正、副主人。

3. 按照操作要领，学生按组分 3 次练习，每次练习时间分别为 15 分钟。

4. 指导教师强调托盘行走操作要领并作示范，学生练习。

（三）课后练习

学生利用课余时间到操作间按照教师所示范的动作分组反复练习，达到考核标准。

四、考核标准

表 4-9　　中餐摆台实训考核表

项目	分数	要求和标准	细节配分	扣分	得分
铺台布	5	台布定位准确，十字居中，凸缝朝向主、副主人位，下垂均等，台面平整	5		
桌裙或装饰布	5	桌裙长短合适，围折平整或装饰布平整，四角下垂均等（装饰布平铺在台布下面）	5		

续表

餐椅定位	10	从主宾位开始拉椅定位，座位中心与餐碟中心对齐，餐椅之间距离均等，餐椅座面边缘距台布下垂部分 1.5cm	10		
餐碟定位	10	一次性定位、碟间距离均等，餐碟标志对正，相对餐碟与餐桌中心点三点一线	6		
		距桌沿约 1.5cm	2		
		拿碟手法正确（手拿餐碟边缘部分）、卫生	2		
味碟、汤碗、汤勺	10	味碟位于餐碟正上方，相距 1cm	4		
		汤碗摆放在味碟左侧 1cm 处，与味碟在一条直线上；汤勺放置于汤碗中，勺把朝左，与餐碟平行	6		
筷架、筷子、长柄勺、牙签	10	筷架摆在餐碟右边，与味碟在一条直线上	3		
		筷子、长柄勺摆在筷架上，长柄勺距餐碟 3cm，筷尾距餐桌沿 1.5cm	5		
		筷套正面朝上	1		
		牙签位于长柄勺和筷子之间，牙签套正面朝上，底部与长柄勺齐平	1		
葡萄酒杯在味碟正上方 2cm	10	白酒杯摆在葡萄酒杯的右侧，水杯位于葡萄酒杯左侧，杯肚间隔 1cm，三杯呈斜直线，向右与水平线呈 30°角，如果折的是杯花，水杯待餐巾花折好后一起摆上桌	8		
		摆杯手法正确（手拿杯柄或中下部）、卫生	2		
餐巾折花	10	花型突出主位，符合主题，整体协调	4		
		折叠手法正确、卫生，一次性成形，美观大方	6		
公用餐具	5	公用餐具摆放在正副主人的正上方	2		
		按先筷后勺顺序将筷、勺搁在公用筷架上（设两套）公用筷架与正、副主人位水杯间距 1cm，筷子末端及勺柄向右	3		

续表

菜单、花瓶和桌号牌	5	花瓶(花篮或其他装饰物)摆在台面正中,造型精美	2		
		菜单摆放在筷子架右侧,位置一致(两个菜单则分别摆放在正副主人的筷子架右侧)	2		
		桌号牌,摆放在花瓶(花篮或其他装饰物)正前方,面对副主人位	1		
托 盘	10	用左手胸前托法将托盘托起,托盘位置高于选手腰部	10		
整体要求	10	操作规范,动作娴熟、优雅	5		
		表情自然大方,姿势优美,面带微笑	5		
总 计	100		100		

注意:1. 操作时间 15 分钟(提前完成不加分;每超过 30 秒,扣总分 1 分;不足 30 秒按 30 秒计算,以此类推;超时 2 分钟不予继续比赛,未操作完毕,不计分)。

2. 物品落地每件扣 3 分,物品碰倒每件扣 2 分;物品遗漏每件扣 1 分;在餐椅内操作扣 3 分/次;逆时针操作扣 3 分/次。

表 4-10　　　　西餐摆台实训考核表

项目	分数	要求和标准	细节配分	扣分	得分
铺台布	5	台布中凸线向上,两块台布中凸线对齐且重叠 5cm,台布四边下垂均等	3		
		铺设操作最多 4 次整理成形	2		
席椅定位	10	摆设操作从席椅正后方进行,从主人位开始按顺时针方向摆设,席椅之间距离基本相等,相对席椅的椅背中心对准	6		
		席椅边沿与下垂台布相距 1cm	4		
装饰盘	10	从主人位开始顺时针方向摆设	2		
		盘边距离桌边 1cm,装饰盘中心与餐位中心对准,盘与盘之间距离均等	6		
		手持盘沿右侧操作	2		

续表

餐具	20	摆放顺序正确	4		
		尺寸标准	16		
杯具	10	摆放顺序正确	4		
		尺寸标准	6		
装饰物	5	位置准确，位于餐桌中央和桌布中线上	5		
烛台	5	烛台与装饰物相距 20cm，底座中心压台布中凸线	3		
		两个烛台方向一致，并与杯具所呈直线平行	2		
牙签盅	5	牙签盅与烛台相距 10cm，牙签盅中心与烛台压在台布中凸线上	5		
椒盐瓶	5	椒盐瓶与牙签盅相距 2cm，椒盐瓶间距 1cm，左椒右盐	3		
		椒盐瓶间距中心对准台布中凸线	2		
餐巾盘花	5	在装饰盘上折，在盘中摆放一致，左右呈一条线	3		
		造型美观、大小一致，突出正、副主人	2		
托盘使用	10	餐件和餐具分类按序摆放，符合科学操作	6		
		杯具在托盘中杯口朝上	4		
整体要求	10	1. 操作规范，动作娴熟、优雅	5		
		2. 表情自然大方，姿势优美，面带微笑	5		
总 计	100		100		

注意：1. 操作时间 15 分钟（提前完成不加分；每超过 30 秒，扣总分 1 分；不足 30 秒按 30 秒计算，以此类推；超时 2 分钟不予继续比赛，未操作完毕，不计分）。

2. 物品落地每件扣 3 分，物品碰倒每件扣 2 分；物品遗漏每件扣 1 分；在餐椅内操作扣 3 分/次；逆时针操作扣 3 分/次。

实训项目五 斟 酒

一、实训要求

表 4-11 斟酒实训标准与要求

实训项目	斟酒
实训时间	2 学时
实训目标	训练结束时,学生应熟练掌握斟酒的操作要领及程序
实训标准与要求	1. 了解中、西餐酒水服务的方式和不同类别酒水的服务规范 2. 掌握中、西餐酒水服务的各种规程和规范 3. 了解不同包装的酒品和瓶口开启的常用工具、开启方法、要领和特殊包装瓶品的开启方法 4. 会控制不同类别酒水的斟倒方式 5. 能娴熟地进行徒手斟酒和托盘斟酒操作
实训工具	冰桶,托盘,餐巾,酒瓶,中、西餐各式酒杯
教学方法	讲解和示范相结合
讲 授	斟酒的要领、程序以及应注意的事项
示 范	斟酒的方法和要领
练 习	学生按照教师所示范的动作分组反复练习
测试方法	口布包瓶,酒标朝向客人,在客人右侧服务。斟倒酒水的量:水 4/5 杯,白葡萄酒 2/3 杯,红葡萄酒 1/2 杯。斟倒酒水时每滴一滴扣 1 分,每溢一摊扣 3 分

二、知识点

斟酒是餐厅服务工作的重要内容之一,也是一项技艺要求较高的工作,斟酒时要求不滴不洒,不少不溢,必须做到细致和耐心。中餐宴会和西餐宴会服务中均由服务员提供斟酒服务。

(一)斟酒前的准备工作

1. 领取酒水,检查酒水质量

领出酒水后先检查酒瓶是否干净,检查瓶体有无破裂,酒是否变质,如瓶内是否有悬浮物、沉淀(红葡萄酒除外),酒水是否浑浊。应用干净的餐巾将瓶口擦净。如果是从冰桶里取出的酒瓶,应先用餐巾将瓶体擦拭干净。

2. 示瓶

服务员站在客人的右侧，左手托瓶底，右手扶瓶颈，酒标朝向客人，让宾客检查。示瓶大多用于西餐服务，中餐除红酒外，其他酒水一般较少向客人示瓶。

3. 调节酒水温度

(1)冰镇。冰镇的方法主要有两种：一是放入冰箱冷藏；另一种是将冰块放入冰桶中，将酒瓶插入冰块中，一般10分钟后，即可达到冰镇效果。需冰镇的酒水：白葡萄酒、香槟酒、葡萄汽酒、啤酒、玫瑰红葡萄酒等。

(2)温酒。温酒的方法有：水烫、烧煮、与热饮料混合等。需要加温的酒水常见的主要是黄酒中的部分酒品，如加饭酒。

4. 准备(领取)杯具

根据客人所点酒水准备(领取)相应杯具。杯子必须清洁消毒，无水迹、油迹，无指纹，晶莹透亮。

5. 开瓶方法

各类酒的封口常见的有瓶盖、瓶塞两种。常见的开瓶器也有两大类：一类是专用开启葡萄酒瓶塞用的酒钻，也叫“螺丝锥”或“调酒员之友”；另一类是开瓶盖用的起子，也叫“扳手起”。

红、白葡萄酒的开启方法是相同的，只不过白葡萄酒在冰桶中开启，红葡萄酒在酒篮里开启。先用开瓶器上的刀子将瓶口上的铅盖切开剥掉，并用餐巾擦一下瓶口，将开瓶钻的螺丝锥顺时针方向垂直转入瓶塞，注意不要旋转酒瓶。待酒钻完全钻入软木塞后，轻轻上提拔出，软木塞出瓶时不能有声音。再用餐巾将瓶口擦干净。中高档宴会和西餐服务中需要将瓶塞放到小碟中，置于客人的右手侧，以便客人通过嗅瓶塞来辨别酒水质量。白葡萄酒服务时要用餐巾包住瓶身，红葡萄酒服务时要用酒篮。

香槟酒开启时首先将瓶口锡纸用酒刀割开剥掉，然后用左手斜握瓶颈(与地面呈45°角)，大拇指紧压瓶塞，右手将瓶颈外的铁丝圈拧开取掉；用服务巾裹住瓶口，左手紧握瓶塞，右手转动瓶身，让瓶内的气压轻轻地把瓶塞顶出来。瓶塞拔出后，要继续让瓶身保持45°几秒钟，以防酒从瓶内溢出。开启时不要过多晃动，以免产生更多的气压。如图4-36所示。

图 4-36　徒手斟酒

6. 斟酒姿势

持瓶时，右手叉开拇指，并拢四指，掌心贴于瓶身中部，酒瓶商标的另一方，四指用力均匀，使酒瓶握稳在手中。采用这种持瓶方法，可避免酒晃动，防止手颤。

右侧大臂与身体呈 90°角，小臂弯曲呈 45°角，双臂以肩为轴，小臂用力运用腕子的活动将酒斟至杯中。腕力用得活，斟酒时握瓶及倾倒的角度的控制就感到自如；腕力用得巧，斟酒时酒液流出的量就准确。斟酒及启瓶均应利用腕子的旋转来掌握。斟酒时忌讳大臂用力及大臂与身体之间角度过大，角度过大会影响顾客的视线并迫使客人躲闪。

斟酒服务开始时，服务员应站在客人的右侧身后，右腿在前，插站在两位客人的坐椅中间，脚掌落地，左腿在后，左脚尖着地呈后蹬势，使身体向左呈略斜式，面向客人，右手持瓶，瓶口向客人左侧依次进行斟酒。每斟满一杯酒更换位置时，做到进退有序，退时先使左脚掌落地后，右腿撤回与左腿并齐，使身体恢复原状。再次斟酒时，左脚先向前跨一步，后脚跟上跨半步，形成规律性的进退，使斟酒服务的整体过程潇洒大方。斟酒时右手持瓶，小臂呈 45°角，上身略向前倾，当酒液斟满时右手利用腕部的旋转将酒瓶逆时针方向转向自己身体一侧，同时左手迅速、自然地将餐巾盖住瓶口以免瓶口溜酒，斟完酒身体恢复直立状。向杯中斟酒时切忌弯腰、探头或直立。

服务员斟酒时，忌讳将身体贴靠客人，但也不要离得太远，更不可一次为左、右两位客人斟酒，也就是说不可反手斟酒。

(二)斟酒方法

1. 桌斟

桌斟指宾客的酒杯放在餐桌上,服务员持瓶向杯中斟倒酒水。服务员站在客人的身后右侧,然后将洁净的餐巾折叠六折成条状,将酒瓶底部放在条状餐巾的中间,对等的两侧餐巾折叠包住瓶体,手握在酒瓶的包布上,注意餐巾不得将酒瓶上的商标遮挡住。斟一般酒时,左手持一块折成小方形的餐巾,右手握瓶,即可进行斟酒服务。斟酒时用垫布及餐巾,都是为防止冰镇后酒瓶外易产生的水滴及斟酒后瓶口的酒液洒在客人身上或桌布上。使用酒篮时,酒瓶的颈背下应衬垫一块大小适宜的餐巾,以防止斟酒时酒液滴漏。

2. 捧斟

捧斟是指斟酒服务时,服务员站立于顾客右侧身后,右手握瓶,左手将酒杯捧在手中,站立在宾客右方进行斟倒,然后将斟毕的酒杯放在客人的右手处。捧斟方式多用于酒会和酒吧服务,一般适用于非冰镇酒品。捧斟取送酒杯时,动作要轻、稳、准、优雅大方。

3. 托盘端托斟酒

托盘端托斟酒即将顾客选定的酒水、饮料放于托盘内,服务员左手端托,托盘的位置应位于客人坐椅背以后,保证托盘平稳,右手取送斟倒,根据顾客的需要依次将所需酒水斟入杯中,这种斟倒方法方便顾客选用。为一位客人斟完一杯以后,换瓶时要稳,轻拿轻放。托盘斟酒时,尤其要注意装盘合理,托盘托在椅背的外侧,不与身体接触,换瓶时注意安全可靠。

(三)斟酒量

1. 中餐在斟倒各种酒水时,一律以八分满为宜。

2. 红葡萄酒斟至1/2处,白葡萄酒斟至2/3处,水斟至4/5处。

3. 啤酒的斟倒一种是采用捧斟,即将酒杯、酒瓶倾斜45°,顺杯壁注入2/3无泡沫酒液,再将酒杯放正,采用倾注法,使泡沫产生,酒液与泡沫比例为3/4和1/4。一种是顺杯壁斟,分两次进行,以泡沫不溢为准。

(四)斟酒顺序

使用最多的方法是:从主宾开始服务,然后按顺时针方向依次进行。如果是两名服务员操作,一名从主宾开始,另一名从副主宾开始。另一种方法是:先给主宾服务,然后是女宾,再男宾,最后是主人。这种方法只有在中餐高档宴会或西餐宴会上才使用。

三、实训内容

（一）物品准备

准备好冰桶、托盘、餐巾、酒瓶、中西餐各式酒杯。

（二）课堂实训

1. 指导教师强调徒手斟酒操作要领并作示范，学生练习。

(1)左手持一块折叠成正方形的洁净餐巾背于身后。

(2)右手持瓶，并将商标朝向宾客。

(3)身体立于座位右侧，两脚呈丁字步站立。

(4)将斟酒的右手小臂自然伸向杯口，瓶口与杯口相距离 1～2cm。

(5)将酒顺杯壁徐徐注入杯中，当斟至规定的量时，持瓶的手要顺时针旋转 90°角，同时收回酒瓶。

(6)迅速用餐巾擦试瓶口。

2. 指导教师强调托盘斟酒操作要领并作示范，学生练习。

(1)左手持托盘立于餐位右侧，两脚呈丁字步站立，上身自然挺拔，立腰收腹，严禁含胸、侧体。

(2)托盘及肩部应尽量向外侧拉开，与宾客头部错开较远的距离。

(3)将酒顺杯壁徐徐注入杯中，瓶口约高于杯口 1～2cm，斟至规定的量时，瓶口稍提高并内旋，将瓶收回。

（三）课后练习

学生利用课余时间到操作间按照教师所示范的动作分组反复练习，达到考核标准。

四、考核标准

表 4-12　　斟酒实训考核表

项目	分数	要求和标准	细节配分	扣分	得分
斟酒顺序	10	按先主后宾的顺序依次进行	10		
斟酒	70	将酒瓶商标朝向客人	10		
		瓶口不碰杯口,离杯口约 2cm	10		
		握瓶姿式正确,姿式优美	10		
		收瓶姿式正确,姿式优美	10		
		红葡萄酒斟至 1/2 处,白葡萄酒斟至 2/3,水斟至 4/5 处	30		
整体要求	20	1. 操作规范,动作娴熟、优雅	10		
		2. 表情自然大方,姿势优美,面带微笑	10		
总 计	100		100		

注意:斟倒酒水时每滴一滴扣 1 分,每溢一摊扣 3 分。

实训项目六　上菜服务

一、实训要求

表 4-13　　上菜服务实训标准与要求

实训项目	上菜
实训时间	2 学时
实训目标	训练结束时,学生应熟练掌握上菜的操作要领及规范用语
实训标准与要求	1. 了解中、西餐菜肴服务方式、规程和规范 2. 掌握不同餐别的菜肴采用分派服务规程和服务要点
实训工具	中餐餐盘、西餐垫盘、汤盆、托盘
教学方法	讲解和示范相结合
讲 授	上菜的要领、程序以及应注意的事项
示 范	上菜的动作及要领
练 习	学生按照教师所示范的动作分组反复练习
测试方法	操作姿势正确,站位准确,菜品摆放搭配合理

二、知识点

上菜是服务员将厨房里烹调好的装盘菜肴(包括面点),按规格和一定的程序奉上餐桌的一种服务方式。要求掌握正确的上菜位置、上菜顺序以及恰到好处的上菜时机。

(一)中餐上菜

1. 中餐上菜时,一般先冷菜后热菜。如图 4-37 所示。

图 4-37　中餐上菜服务

(1)冷菜。中餐宴会服务中,按以前的服务程序凉菜是在开餐前 5～10 分钟摆放在转盘上。现在由于宴会客人预定时间的不稳定和对菜肴质量的要求越来越高,因此许多酒店都是在客人进入餐厅后及时将冷菜摆上。零点服务中是宾客点餐后冷菜 10 分钟以内上桌。

(2)热菜。不同种类的宴会上菜的程序是不完全一样的,但总体上说,中餐热菜的上菜顺序一般是先咸后甜,先荤后素,先干后汤,先菜肴后点心和水果。此顺序受各地用餐习惯的影响,按中国的就餐习惯,汤往往是最后一道热菜,但在粤菜中由于其发展中受到西餐的影响,加上本地区的饮食习惯,汤是作为第一道热菜上的。北方地区一般上菜顺序为:冷盘→热菜→炒菜→大菜→汤菜→炒饭→面点→水果;粤菜上菜的顺序为:汤→冷盘→海鲜→荤菜→小菜→面点→水果。零点餐厅一般要求点菜后 15 分钟内上第一道热菜。宴会中上热菜的时机要特别注意,现在客人对宴会上菜速度的要求,一般是客人到齐开始吃凉菜以后就要问主人是否可以上热菜了。上热菜时要注意前紧后松。

(二)西餐上菜

1. 西餐上菜的顺序

西餐上菜服务方式有法式、俄式、英式、美式、意式等,各种服务方式既有相同的地方,也可根据不同的礼仪习俗有所不同。

通常上菜时,首先上头盘,也称为"开胃品",一般有冷盘和热头盘之分,常见的品种有鱼子酱、鹅肝酱、熏鲑鱼、鸡尾酒、沙拉、什锦冷盘等,面包、黄油在开餐前5分钟左右送上。

其次上汤,大致可分为清汤与浓汤(奶油汤、蔬菜汤和冷汤等)。

第三步上副菜(中盘),通常鱼虾海鲜等水产类菜肴与蛋类、酥盒菜肴均称为"副菜"。

第四步上主菜,多为肉、禽类菜肴或高级海鲜,其中最有代表性的是牛肉或牛排。蔬菜类等菜肴通常为配菜,可以安排在肉类菜肴之后,也可以与肉类菜肴同时上桌,蔬菜类菜肴在西餐中称为"沙拉"。

最后上甜品,西餐的甜品是主菜后食用的。从真正意义上讲,它包括所有主菜后的食物,如点心、冰淇淋、奶酪、水果等。

2. 几种典型的西餐上菜方法:

(1)美式上菜:在厨房内将菜分成一人一份,服务员用左手从客人左边上菜,从客人右边撤盘。

①用托盘先上汤或开胃品(通常有沙拉),从客人右侧取走餐前酒杯,汤勺与开胃品的餐具放在碟子的右侧。

②主菜及配菜烹调好,盛在盘子里,服务员用托盘端进餐厅,于客人左侧上菜,从右侧撤走空碟。

③用过的汤或开胃品盘碟从客人右侧取走,然后自客人左侧上面包及黄油。

④客人如要咖啡,服务员应在客人右侧服务。

⑤甜点从客人的右侧送上。

(2)俄式上菜:一般将食物在厨房完全准备好,放入大浅盘中,由服务员端到餐厅,服务员以左手托盘,右手用分餐勺把菜分到客人的餐盘中。

①主菜或其他菜肴的服务。整齐地将菜肴放在大盘里,服务员端进餐厅,自主人位开始,逆时针方向为客人服务,银盘中剩余的菜肴退回厨房。

②汤的服务。服务员按顺时针从客人右边用右手将汤盘逐一放在客人面前,然后回到服务台,用左手端起盛汤的大银盘,用右手从客人左边分给客人。

(3)法式上菜:菜肴的最后一道烹饪程序应在客人面前的服务车上完成。由两名服务员提供服务,一名在餐车旁进行菜品烹饪,并将菜分至餐盘中,另一名服务员上菜。

①助理服务员用右手从客人右侧端上和服务，一般在客人右侧服务。

②面包、黄油碟、沙拉碟及一些特殊的盘碟必须从客人的左侧服务。

③汤由助理或首席服务员用右手从客人右侧服务，放在客人的底盘纸上。

④主菜的服务方式同汤的一样，如果有沙拉应与主菜一同端上。

3. 西餐上菜的要求

每上一道菜之前，应先将用空的前一道菜撤下（如果宾客将刀叉呈“八”字形搭放在餐盘的两边，则表示暂时不需撤盘；当宾客将刀叉合并或平行放到餐盘上，表示不再食用，一般可以撤去）。西餐宴会要求等所有宾客都吃完一道菜后才一起撤盘。每吃一道菜，就要撤换一副刀叉；上甜点时，应该撤去所有刀叉，并将调味品一同撤下。

注意先斟酒后上菜。任何一道需要配饮酒类的菜品，在上桌之前均应先斟酒后上菜。

上菜时，所有菜品上桌时均需遵循先女后男、先宾后主的顺序依次进行。上菜一般用右手从客人右侧进行。撤换餐盘的方法：左手托盘，右手操作，从主宾的右侧撤下，分别放入盘中。

（三）上菜位置及要领

1. 位置

(1)零点餐厅上菜以不打扰宾客用餐为宜。严禁从主人、第一宾客之间及儿童旁上菜。

(2)宴会上菜一般是选择在陪同和翻译人员之间进行，也有的在副主人右边进行，也就是说有三个上菜口可供选择。这样有利于翻译和副主人向来宾介绍菜肴口味、名称。

2. 注意事项

(1)核对台号、品名，避免上错菜。

(2)整理台面，留出空间。

(3)先上调味品，再用双手将菜端上；报菜名，特式菜应作简单介绍，如厨师推荐菜肴，有典故的菜肴。大圆桌上菜时，用转盘将刚上的菜转至主宾面前。

(4)如果菜肴是按份上的，如汤盅、面条等，菜肴应从主宾右侧开始按顺时针方向依次送上。

(5)服务时注意操作卫生，手指、衣袖等不能浸到菜汤里。

（四）菜品桌面摆放及注意事项

摆菜就是将上台的菜按一定的格局摆放好。摆菜时不宜随意乱放，而要根据菜的颜色、形状、菜种、盛具、原材料等因素，讲究一定的艺术造型，注意礼貌，尊敬主宾，方便食用。摆菜时要使菜与客人的距离保持适中，注意将菜品中最适宜观赏面朝向宾客。一般宴席中的头菜,其观赏面要朝向正主人位置,其他菜的观赏面则对向其他客人。

1. 圆桌宴会中凉菜的摆放要根据菜点的品种和数量,注意色泽的分布、荤素的搭配、菜型的正反、刀口的顺逆以及菜盘间的距离。长桌宴会和圆桌宴会凉菜制作和摆放上是有区别的。

2. 餐桌上严禁盘子叠盘子(除客人要求外)。

3. 随时撤去空菜盘,餐桌保持清洁、美观。

4. 对于带头尾的菜肴,应根据当地上菜习惯摆放。

三、实训内容

(一)物品准备

准备好中餐餐盘、西餐垫盘、汤盆、托盘。

(二)课堂实训

指导教师强调上菜操作要领并作示范,具体步骤及要求如下:

1. 上菜服务用语

(1)各位来宾,这道菜是×××,请各位品尝。

(2)各位来宾,这道菜是我们酒店本周推出的特色菜,请各位慢用。

(3)各位来宾,这道菜是我们厨师推出的特荐菜之一,欢迎各位贵宾给我们留下宝贵的意见。

(4)各位来宾,这道是我们本地名菜×××,请各位品尝。

(5)这道菜是火候菜×××,请各位趁热吃。

(6)这是食×××菜的辅料式佐料,请各位等会与×××菜配用。

(7)这是用×××菜时用的工具,请用×××菜时配用。

(8)谢谢"您"(或"各位")的合作。

(9)请问,可以将这两道菜合盘吗?

(10)可以将这盘菜换小盘吗?

2. 上菜操作

(1)操作者立腰、收腹,两脚呈前后步立于陪同人员位间操作。

(2)将上席的菜肴器皿按四指托底边、拇指顺压器皿边沿的卫生操作上菜。

(3)将器皿迅速地轻放在转台上,利用转台将新菜转向主人、第一主宾方向。

(4)将右脚后退一步与左脚正立后介绍所上菜肴。

(三)课后练习

学生利用课余时间到操作间按照教师所示范的动作分组反复练习,达到考核标准。

四、考核标准

表 4-14 上菜服务实训考核表

项目	分数	要求和标准	细节配分	扣分	得分
服务用语	20	准确使用上菜服务用语	20		
上菜顺序	20	先冷后热，先咸后甜，先荤后素，先干后汤，先菜肴后点心和水果	20		
上菜方法	40	站位正确	10		
		菜品方位摆放准确，菜品的观赏面应面对宾客	10		
		摆菜合理，注意色泽的分布、荤素的搭配、菜型的正反、刀口的顺逆以及菜盘间的距离	20		
整体要求	20	操作规范，动作娴熟、优雅	10		
		表情自然大方，姿势优美，面带微笑	10		
总 计	100		100		

实训项目七 分菜服务

一、实训要求

表 4-15 分菜服务实训标准与要求

实训项目	分菜
实训时间	2 学时
实训目标	训练结束时，学生应熟练掌握叉勺分菜法、转台分菜法、旁桌分菜法的操作程序及动作要领
实训标准与要求	1. 能够根据不同菜品的特点选择合适的分菜工具； 2. 操作时正确使用分菜工具； 3. 菜量、色彩搭配均匀，做到一勺准
实训工具	分菜叉(服务叉)、分菜勺(服务勺)、公用勺、公用筷、长把汤勺

续表

教学方法	讲解和示范相结合
讲 授	分菜的要领、程序以及应注意的事项
示 范	分菜叉、分菜匙及分菜刀的使用方法和分菜要领
练 习	学生按照教师所示范的动作分组反复练习
测试方法	正确使用各种分菜工具,菜品分配均匀、搭配合理

二、知识点

分菜又叫“派菜”,是在宾客观赏以后,由服务员用服务叉、勺依次将热菜分让给客人。分菜是宴会服务中技术性很强的工作,要想熟练掌握基本技巧,还必须掌握各种菜肴的烹制方法,以及菜肴成型后的质地特点。

(一)分菜工具及使用方法

1. 分菜工具

分菜时使用的工具通常有分菜叉/服务叉、分菜勺/服务勺、分菜刀、公用勺、公用筷、长把汤勺。要根据菜品特点选择合适的分菜工具。

2. 使用方法

右手食指、拇指捏住叉把的后部,勺子在下,勺心向上,无名指放于叉、勺之间控制分菜勺。分带汤汁的菜肴时,要用位置在下的服务勺盛汤汁浇在菜肴上。

(二)分菜方法

1. 叉勺分菜法

(1)操作前需要先更换接碟。

(2)核对菜品,双手将菜肴端至转盘上,示菜并报菜名。示菜完毕后将菜取下,左手用口布托垫菜盘,右手拿分菜叉和勺。

(3)从主宾左侧开始,按顺时针方向绕台操作。动作姿势为左腿在前,右腿在后,上身微前倾,呼吸均匀。

(4)分菜时做到一勺准、数量均匀,可以一次性将菜全部分完,但有些地区要求分完后盘中略有剩余,大约1/10左右。

(5)分菜时注意菜盘与客人面前的餐碟略有交叠,以免菜汁滴到桌上或客人身上。

2. 转台分菜法

(1)提前将与宾客人数相等的餐碟有秩序地摆放在转台上,并将分菜用具放在相应位置;核对菜名,双手将菜端上,示菜并报菜名。

(2)立即用长柄勺、筷子或叉、勺分菜。全部分完后，将分菜用具放在空菜盘里。

(3)迅速撤身，取托盘，从主宾右侧开始，按顺时针方向绕台进行，撤前一道菜的餐碟后，从转盘上取菜端给宾客。

(4)最后，将空盘和分菜用具一同撤下。

3. 旁桌分菜法

(1)在宾客餐桌旁放置一辆服务车或服务桌，准备好干净的餐盘和分菜工具。

(2)核对菜名，双手将菜端上餐桌，示菜、报菜名并作介绍，将菜取下放在服务车或服务桌上分菜。

(3)菜分好后，从主宾右侧开始按顺时针方向将餐盘送上。

(4)注意在旁桌上分菜时应面对宾客，以便宾客观赏。

(5)如果要保证服务质量，最好两个人服务。

4. 各客分菜法(适用于汤类、羹类、炖品或高档宴会分菜)

(1)厨房工作人员根据宾客人数在厨房将汤、羹、冷菜或热菜等分成一人一份；服务员从主宾开始，按顺时针方向从宾客右侧送上。

(2)缺点是客人无法根据自己的喜好调节分量。

(三)注意事项

1. 分菜时要注意菜量分配均匀，将最好的部分分给主宾。

2. 菜色搭配美观。

3. 有卤汁的菜肴要浇汁。

4. 餐具不要在盘上发出刮擦声。

5. 头、尾、残骨不要分给宾客。

6. 在保证服务质量的前提下力求快捷。

7. 注意操作卫生。

三、实训内容

(一)物品准备

准备好分菜叉(服务叉)、分菜勺(服务勺)、公用勺、公用筷、长把汤勺。

(二)课堂实训

1. 指导教师强调分菜操作要领并作示范，具体步骤及要求如下：

(1)桌上分让式：服务员站在客人的左侧，左手托盘，右手拿叉与勺，将菜在客人的左边派给客人。一般适用于分热炒菜和点心。

(2)二人合作式：由两名服务员配合操作，一名服务员右手持公用筷，左手持长把公用勺，另一名服务员将每一位客人的餐碟移到分菜服务员近处，由分菜服务员分派，另一位服务员从客人左侧为客人送菜。

(3)旁桌分让式：先将菜在转台向客人展示，由服务员端至备餐台，将菜分派到客人的餐盘中，并将各个餐盘放入托盘中，托送至宴会桌边，用右手从客位的右侧放到客人的面前。一般用于宴会。

2. 学生分组练习。

(三)课后练习

学生利用课余时间到操作间按照教师所示范的动作分组反复练习，达到考核标准。

四、考核标准

表 4-16　　分菜服务实训考核表

项目	分数	要求和标准	细节配分	扣分	得分
分菜	80	分菜工具使用手法正确	15		
		姿势优美，菜量、色彩搭配均匀，做到“一勺准”	25		
		叉勺分菜法	10		
		转台分菜法	10		
		旁桌分菜法	10		
		各客分菜法	10		
整体要求	20	操作规范，动作娴熟、优雅	10		
		表情自然大方，姿势优美，面带微笑	10		
总计	100		100		

第五篇　饭店酒水服务技能实训

随着社会的发展、经济收入的增长和生活水平的提高，人们的生活方式逐渐向多元化发展，生活闲暇时间逐渐增多，酒水消费已成为很多中国人生活中的重要组成部分。可以预见，未来酒水业的发展将伴随人类社会物质文明和精神文明的发展而建立起新的体系。

图 5-1　酒吧

实训项目一　鸡尾酒调制

一、实训要求

表 5-1　　鸡尾酒调制实训标准与要求

实训项目	鸡尾酒调制
实训时间	6 学时
实训目标	训练结束时,学生应熟练掌握鸡尾酒调制的操作要领
实训标准与要求	1. 调和法:先往调酒杯中加入 3～5 块冰,接着将原料按照配方要求依次倒入调酒杯中,然后一手捏住吧匙,在杯内搅拌。注意不要让吧匙与杯子内壁接触时的声音过大,待酒液与冰块充分混合后,将酒液滤冰倒入酒杯。 2. 兑和法:直接在杯中调制,往杯中放入 3～5 块冰块,将原料按配方要求依次倒入酒杯,然后用吧匙或调酒棒轻轻搅拌。 3. 摇和法:(1)单手摇壶。先往调酒壶内加入 3～5 块冰。接着按配方依次倒入原料,然后用食指按住壶盖,其余四个手指的指尖捏住壶身,手腕左右快速旋转,此时身体要站正,两脚微微分开,腰部挺直,肩摆正,面带微笑,摇和时间在 8～10 秒。(2)双手摇壶。先往调酒壶内加入 3～5 块冰,接着按配方依次倒入原料,然后用右手拇指按住壶盖,左手中指按住壶底,其余八个手指捏住壶身,将壶口朝下置于耳侧,向前方快速摇动调酒壶。要求身体站正,两脚微微分开,腰部挺直,肩摆正,两个肘部下压,露出脸庞,表情自然,摇和时间在 8～10 秒。若遇到配方中有生鸡蛋清或整个生鸡蛋时,摇和时间适当延长。 4. 搅和法:先将碎冰放置于搅拌机中,按配方比例加入原料;然后盖好搅拌机盖,调至适当转速,搅拌 10～15 秒,直至将调酒原材料中固形体搅碎成液体状,最后将成品倒入酒杯
实训工具	吧匙(Bar spoon)、滤冰器(Strainer)、调酒杯(Mixing glass)、量酒器(Jigger)、调酒壶(Shaker)、电动搅拌机(Blender)
教学方法	讲解和示范相结合
讲　授	调酒用具介绍,调和法、兑和法、摇和法、搅和法操作要领及应注意的事项
示　范	调和法、兑和法、摇和法、搅和法操作要领
练　习	学生按照教师所示范的动作分组反复练习
测试方法	学生抽取操作试题,严格按配方调制,调制方法和载杯选择要正确;动作要熟练、准确、优雅;成品要口味醇正、装饰美观

二、知识点

鸡尾酒(Cocktail)是指两种或两种以上的酒和饮料混合而成的另外一种饮料。

(一)鸡尾酒的定义

鸡尾酒是以朗姆酒(Rum)、金酒(Gin)、龙舌兰(Tequila)、伏特加(Vodka)、威士忌(Whisky)等烈酒或是葡萄酒作为基酒,再配以果汁、蛋清、苦精(Bitters)、牛奶、咖啡、可可、糖等其他辅助材料,加以搅拌或摇晃而成的一种饮料,最后还可用柠檬片、水果或薄荷叶作为装饰物。

(二)鸡尾酒的特点

1. 鸡尾酒是混合酒

鸡尾酒由两种或两种以上的非水饮料调合而成,其中至少有一种为酒精性饮料。

2. 花样繁多,调法各异

用于调酒的原料有很多类型,所用的配料种数也不相同,如两种、三种甚至五种以上。就算以流行的配料种类确定的鸡尾酒,各配料在分量上也会因地域不同、人的口味各异而有较大变化,从而冠用新的名称。

3. 具有刺激性口味

鸡尾酒具有明显的刺激性,具有一定的酒精浓度,能使饮用者兴奋。适当的酒浓度可使饮用者紧张的神经和缓、肌肉放松。

4. 能够增进食欲

鸡尾酒应是增进食欲的滋润剂。由于酒中含有微量调味饮料,如酸味、苦味等饮料,会改善饮用者的口味,起到开胃作用。

5. 口味优于单体组分

鸡尾酒有卓越的口味,而且这种口味优于单体组分。品尝鸡尾酒时,舌头的味蕾充分扩张,能尝到刺激的味道。如果过甜、过苦或过香,就会影响品尝风味的能力,降低酒的品质,是调酒不允许的。

6. 冷饮性质

鸡尾酒需足够冷冻,一杯优质的鸡尾酒首先温度要适度。像朗姆类混合酒,以热水配饮,不属于典型的鸡尾酒。

7. 色泽优美

鸡尾酒应具有细致、优雅、匀称、均一的色调。常规的鸡尾酒有澄清透明的或浑浊的两种类型。澄清型鸡尾酒色泽透明,除极少量因鲜果带入固形物外,没有其他任何沉淀物。

8. 盛载考究

鸡尾酒由式样新颖大方、颜色协调得体、容积大小适当的载杯盛载。装饰物对于鸡尾酒犹如锦上添花，使之更有魅力，某些装饰物本身也是调味料。

（三）鸡尾酒的组成

1. 基酒

基酒包括：金酒（Gin）、伏特加（Vodka）、兰姆酒（Rum）、龙舌兰（Tequila）、威士忌（Whisky）、白兰地（Brandy）、利口酒（Liqueur）等。

2. 辅助饮料

碳酸饮料包括苏打水（Soda water）、汤力水（Tonic water）、可乐（Coke）、雪碧（Sprite）、干姜水（Ginger ale）等，果汁饮料包括柠檬汁（Lemon juice）、橙汁（Orange juice）、菠萝汁（Pineapple juice）、青柠汁（Lime juice）、番茄汁（Tomato juice）、西柚汁（Grapefruit juice）等，其他的还有红石榴汁（Grenadine）、鲜奶油（Cream）、椰奶（Coconut milk）、鲜奶（Milk）、蜂蜜（Honey）、葡萄糖浆（Grape syrup）等。

3. 调味料

调味料包括杏仁露、豆蔻粉、芹菜粉、红樱桃、绿樱桃、香草片、洋葱粒、橄榄粒、辣椒酱、辣椒油等。

4. 装饰物

鸡尾酒的装饰物一般都具备装饰和食用的双重性，甚至有些装饰物还起到调味的作用。比较常见的装饰物有柠檬片、柠檬角、橙片、橙角、菠萝、菠萝叶、红绿樱桃、橄榄、珍珠洋葱、黄瓜皮、芹菜、薄荷叶、小纸伞、小国旗等等。

5. 鸡尾酒载杯

酒杯根据形状可分为以下三种：

（1）平底直筒杯：酒杯底平而厚，没有杯脚，其形状大体上是直筒形或曲线形。常用的有老式杯、海波杯、柯林杯、皮尔森杯等。

（2）矮脚杯：酒杯杯体和杯脚有矮短的杯柄，其柄有一定的形状。常用的矮脚杯有白兰地杯、矮脚老式杯、飓风杯及各式啤酒杯。

（3）高脚杯：高脚杯由杯体、杯脚和杯柄组成，形状各异。比较常见的高脚杯有鸡尾杯、酸酒杯、玛格利特杯、郁金香香槟杯、浅碟香槟杯、葡萄酒杯、利口酒、雪莉酒杯等。

（四）鸡尾酒的调制方法

1. 兑和法（Build）

配制不需要过滤，不含柠檬汁、牛奶和鸡蛋的鸡尾酒，在饮用杯直接配制。

2. 调和法(Stir)

配制不含柠檬汁、牛奶或鸡蛋,但需要过滤的鸡尾酒,使用调酒杯配制。

3. 摇和法(Shake)

调制含有柠檬汁、鸡蛋或牛奶的鸡尾酒,必须用摇酒壶摇动以保证酒中的原料充分混合。

4. 搅和法(Blend)

配制带有雪泥状(冰块搅拌成泥)的鸡尾酒或带有草莓、香蕉等水果,使用电动搅拌机配制。

(五)鸡尾酒的命名

1. 根据鸡尾酒的基本结构与调制原料命名

如金汤力(Gin Tonic),即金酒加汤力水兑饮。

2. 以人名、地名、公司名等命名

以人名、地名、公司名命名鸡尾酒等混合饮料,是一种传统的命名法,它反映了一些经典鸡尾酒产生的渊源,使人产生一种归宿感。人名一般指创制某种经典鸡尾酒调酒师的姓名和与鸡尾酒结下不解之缘的历史人物的姓名。如血玛丽(Bloody Mary),这一鸡尾酒产生的一种说法是对16世纪中叶英格兰都铎王朝为复兴天主教而迫害新教徒的玛丽女王的蔑称。鸡尾酒是世界性的饮料,多以地名命名鸡尾酒。曼哈顿(Manhattan),据说,这一款经典的鸡尾酒是英国前首相丘吉尔的母亲杰妮创制,她在曼哈顿俱乐部为自己支持的总统候选人举办宴会,并用此酒招待来宾。该酒以黑麦威士忌、甜苦艾酒、苦精等调制而成以地名"曼哈顿"命名。

(六)鸡尾酒的分类

1. 根据容量来分

(1)短饮,即短时间喝的鸡尾酒,时间一长风味就减弱了。此种酒采用摇动或搅拌以及冰镇的方法制成,使用鸡尾酒杯。一般认为鸡尾酒在调好后10～20分钟饮用为好。大部分酒精度数是30度左右,容量为2盎司左右。

(2)长饮,即调制成适于消磨时间悠闲饮用的鸡尾酒。兑上苏打水、果汁等,长饮鸡尾酒几简全都是用平底玻璃酒杯或果汁水酒酒杯这种大容量的杯子。它是加冰的冷饮,也有加开水或热奶趁热喝的热饮,尽管如此,一般认为30分钟左右饮用为好。与短饮相比大多酒精浓度低,容量在6盎司以上。

2. 根据饮用时间分

(1)餐前鸡尾酒(Per-dinner Cocktail),即餐前喝的鸡尾酒。目的是滋润喉咙,增进食欲。甜味并不强烈,口感很清爽。

(2)餐后鸡尾酒(After-inner Cocktail),即用餐之后喝的鸡尾酒。目的是在进餐之后清新口气或促进消化。它是有效利用利口酒的甘甜浓重的鸡尾酒。

(3)全天可饮的鸡尾酒(All-day Cocktail),任何时候喝都没关系。当然,上述几种鸡尾酒也没有必要过分拘泥。多数鸡尾酒属于这一类。

(4)睡前鸡尾酒(Night-cap Cocktail),睡前鸡尾酒即所谓安眠酒,为能熟睡而喝。一般认为睡前酒最好是以白兰地为基酒的、味道浓重的鸡尾酒和使用鸡蛋的鸡尾酒。

(七)鸡尾酒调酒用具

1. 摇酒壶(Shaker)
2. 量酒器 (Measurer or Shot Glass)
3. 调酒杯 (Mixing Glass)与过滤器(Strainer)
4. 吧匙 (Bar Spoon)
5. 开瓶器 (Cork Screw or Opener)
6. 榨汁机 (Squeezer)
7. 滤冰器(Strainer)
8. 搅拌机 (Blender)
9. 吧刀和砧板(Bar Knife & Cutting Board)
10. 冰夹(Ice Tong)
11. 宾治盒(Punch Bowl)
12. 调酒棒(Muddler)
13. 吸管(Straw)
14. 杯垫(Coaster or Cup Mat)
15. 鸡尾酒酒签(Cocktail Picks)

三、实训内容

(一)物品准备

1. 用具

摇酒壶(Shaker)、量酒器 (Measurer or Shot Glass) 、调酒杯 (Mixing Glass)与过滤器(Strainer)、吧匙 (Bar Spoon)、开瓶器 (Cork Screw or Opener)、榨汁机 (Squeezer)、搅拌机 (Blender)、吧刀和砧板(Bar Knife & Cutting Board) 、宾治盒(Punch Bowl)、调酒棒(Muddler)、吸管(Straw)、杯垫(Coaster or Cup Mat) 等。

2. 装饰物

比较常见的装饰物有柠檬片、柠檬角、橙片、橙角、菠萝、菠萝叶、红绿樱桃、橄榄、珍珠洋葱、黄瓜皮、芹菜、薄荷叶、小纸伞、小国旗等等。

3. 鸡尾酒载杯

比较常见的有鸡尾酒杯(Cocktail Glass)、海波杯(Highball Glass)、柯林杯(Collins Glass)、古典杯(Old-fashioned Glass)、白兰地杯(Snifter)、香槟杯(Champagne Glass)、葡萄酒杯(Wine Glass)、水杯(Water Glass)、利口酒杯(Liqueur Glass)、酸酒杯(Sour Glass)、雪莉酒杯(Sherry Glass)、波特酒杯(Port Glass)、啤酒杯(Beer Glass)、热饮杯(Hot Drink Glass)、果汁杯(Juice Glass)、飓风杯(Hurricane Glass)等。

(二)课堂实训

1. 指导教师介绍鸡尾酒的调制方法并按照考核标准作示范。

(1)调和法,以“干马天尼”示范。

干马天尼(Dry Matini)的配方:60ml 金酒(Gin),15ml 干味美思(Dry Vermouth)。

器具及材料准备:量酒杯、鸡尾酒杯、冰桶及冰夹、杯垫等;金酒、干味美思、橄榄。

操作步骤:

①洗净双手并擦干。

②将 3～5 块冰块加入调酒壶中。

③用量杯将干味美思、金酒按分量依次量入调酒杯中,注意先加辅料酒,再加基酒。

④用吧匙绕杯壁轻轻搅动约 8～10 秒钟,至杯壁起霜。

⑤用滤冰器将酒滤入鸡尾酒杯内。

⑥用酒签穿 2 粒橄榄,放入杯内。

⑦将调制好的鸡尾酒置于杯垫上。

⑧清洁器具,清理工作台。

(2)兑和法,以“黑色俄罗斯”“血玛丽”示范,如图 5-2 所示。

黑俄罗斯的配方:45ml 伏特加(Vodka),15ml 咖啡甜酒(Kahlua)。

器具及材料准备:量酒杯、古典杯、冰桶及冰夹、杯垫等;伏特加、咖啡甜酒、1 粒红樱桃。

操作步骤:

①洗净双手并擦干。

②在古典杯中加入 3 块冰块。

③用量酒杯将咖啡甜酒、伏特加按分量依次量入杯中,注意先加辅料酒,再加基酒。见图 5-2。

④用吧匙绕杯壁轻轻搅动,至杯壁起霜。

⑤用酒签穿一粒红樱桃，放入杯中。

⑥将调制好的鸡尾酒置于杯垫上。

⑦清洁器具，清理工作台。

操作要点及注意事项：用吧匙搅动的动作要标准，要使酒水调匀。

图 5-2　兑和法

(3)单手摇和法，以“青蚱蜢”(Grasshopper)示范，如图 5-3 所示。

青草蜢的配方：20ml 绿薄荷酒(Crème De Menthe，Green)，20ml 无色可可甜酒(Creme De Cacao，White)，20ml 淡奶油(Cream)。

器具及材料准备：调酒壶、量酒杯、鸡尾酒杯、冰桶及冰夹等；绿薄荷酒、无色可可甜酒、淡奶油、青柠皮。

操作步骤：

①洗净双手并擦干。

②将 3～5 块冰块加入调酒壶中。

③用量酒杯将淡奶油、无色可可甜酒、绿薄荷酒按分量一次量入调酒壶中。

④盖上滤冰器。

⑤盖上壶帽。

⑥单手摇调酒壶，至调酒壶壶壁起霜即可。见图 5-3。

⑦打开壶帽，将酒滤入鸡尾酒杯内。

⑧饰以青柠皮。

⑨将调制好的鸡尾酒置于杯垫上。

⑩清洁器具，清理工作台。

图 5-3　单手摇和法

(4)双手摇和法,以“白兰地亚历山大”(Brandy Alexander)示范。

白兰地亚历山大的配方:20ml 白兰地(Brandy),20ml 棕可可甜酒(Crème De Cacao Brown),20ml 淡奶油(Cream),少许豆蔻粉(Nutmeg)。

器具及材料准备:调酒壶、量酒杯、鸡尾酒杯、冰桶及冰夹等。

操作步骤:

①洗净双手并擦干。

②将 3～5 块冰块加入调酒壶中。

③用量酒杯将白兰地,棕可可甜酒,淡奶油按分量一次量入摇酒壶中。

④盖上滤冰器。

⑤盖上壶帽。

⑥双手调酒壶,至调酒壶壶壁起霜即可。

⑦打开壶帽,将酒滤入鸡尾酒杯内。

⑧加入少许豆蔻粉。

⑨将调制好的鸡尾酒置于杯垫上。

⑩清洁器具,清理工作台。

(5)搅和法,以“和风飘香”(Gentle Breeze)示范。

和风飘香的配方:30ml 马里布(Malibu Liqueur),90ml 的菠萝汁(Pineapple Juice),60ml 芒果汁(Mango Juice),一个香蕉(Banana)。

操作步骤:

①先将碎冰放置于搅拌机壶身中。

②按配方比例加入原料。

③盖好搅拌机盖,调至适当转速,搅拌 10～15 秒钟,直至将调酒原材料中固形体搅碎成液体状。

④将成品倒入酒杯。

2. 按照操作要领,学生轮流练习。

◎练习一:学生分组轮流练习调和法、兑和法两种操作方法,为节约成本可用冰块加水代替酒水,要求学生掌握操作程序及动作要领,教师进行指导。

◎练习二:学生轮流调制"干马天尼""黑色俄罗斯"。

◎练习三:学生分组轮流练习摇和法的两种操作方法,为节约成本可用冰块加水代替酒水,要求学生掌握操作程序及动作要领,教师进行指导。

单手摇壶,先往调酒壶内加入 3～5 块冰块。接着按配方依次倒入原料,然后用右手食指按住壶盖,其余四个手指的指尖捏住壶身,手腕左右快速旋转,此时身体要站正,两脚微微分开,腰部挺直,肩摆正,面带微笑,摇和时间在 8～10 秒钟左右。

双手摇壶,先往调酒壶内加入 3～5 块冰块,接着按配方依次倒入原料,然后用右手拇指按住壶盖,左手中指按住壶底,其余八个手指捏住壶身,将壶口朝下置于耳侧边,向前方快速抖动手腕。要求身体站正,两脚微微分开,腰部挺直,肩摆正,两个肘部下压,露出脸庞,表情自然,摇和时间在 8～10 秒钟左右。

◎练习四:学生分组轮流调制"青蚱蜢"和"白兰地亚历山大"。

◎练习五:学生分组轮流练习搅和法的操作方法,要求学生掌握操作程序及动作要领,教师进行指导。

(三)课后练习

学生利用课余时间到操作间按照教师所示范的动作分组反复练习,达到考核标准。

四、考核标准

表 5-2　鸡尾酒调制实训考核表

项目	分数	要求和标准	细节配分	扣分	得分
准备	10	准备好所有调酒用具	5		
		使用普通话报酒品名称	5		
原料展示	10	举手示意操作开始	5		
		展示本款鸡尾酒所需原料名称	5		

续表

酒水调制	40	开启酒瓶倒酒，先倒辅料酒，后倒基酒，取用原料正确	10		
		调酒方法正确	10		
		动作标准、大方、干净利索	10		
		适当、合理选取载杯	10		
酒水装饰	20	装饰物制作美观、得体	10		
		手法卫生，取料符合卫生标准	10		
酒水介绍	10	简单介绍该酒口味特点	5		
		将所有酒瓶、用具、设备归位放好，示意结束	5		
整体要求	10	动作标准，仪态自然	5		
		酒品美观，口味纯正	5		
合计	100				
操作时间		分　　秒　　超时：　　扣分：　　分			
其他要求		物品落地、物品碰倒、倒酒洒酒：　件/次　　扣分：　　分			
实际得分					

附：常见鸡尾酒配方

1. Dry Martini 干马天尼

   1 oz　金酒

   3 Drops　干味美思

   调制方法：调和法，三角型鸡尾酒杯，青水榄做装饰。

2. Pink Lady　红粉佳人

   1 oz　金酒

   1/2 oz　柠檬汁

   1/2 oz　君度

   1/3 oz　红糖水

   1/2 个　蛋清

   调制方法：摇和法，半月型鸡尾酒杯，红樱桃做装饰。

3. Black Russian　黑色俄罗斯

   1 oz　伏特加

1/2 oz　咖啡甜酒

调制方法:兑和法,古典杯,红樱桃做装饰。

4. Sunrise　日出

1 oz　特吉拉

4 oz　橙汁

1/3 oz　红糖水

调制方法:摇和法，最后加入红糖水，白葡萄酒杯。

5. Angel's Kiss　天使之吻

1 oz　咖啡甜酒

1/2 oz　牛奶

调制方法:漂浮法,三角型鸡尾酒杯,红樱桃做装饰。

6. Margarita　玛格丽特

1 oz　特基拉

0.5 oz　君度

1 oz　鲜柠檬汁

调制方法:先将浅碟香槟杯用精细盐圈上杯口待用,并将上述材料加冰摇匀后滤入杯中,饰以一片柠檬片即可。

7. Alexander　亚历山大

0.5 oz　白兰地

1 oz　可可利口酒

1 oz　鲜奶油

用具:鸡尾酒杯、调酒壶。

调制方法:把冰块和材料放入调酒壶中摇匀即可。

8. Bloody Mary　血玛丽

1 oz　伏特加

4 oz　番茄汁

0.5 oz　柠檬汁

少许李派林喼汁

少许辣椒油

少许盐

用具: 海波杯,吧匙。

调制方法:将海波杯内加入1/2碎冰,加入辣椒油、李派林喼汁、柠檬汁、盐和胡椒粉,用搅棒搅匀,加入伏特加和番茄汁再次搅匀,上酒时跟一个搅棒。

9. Gin Fizz　金菲斯

2 oz　金酒

2 oz　君度酒

2/3 oz　鲜柠檬汁

1 个蛋白

糖粉两茶匙

苏打水　适量

用具:摇酒壶、海波杯。

调制方法:将碎冰放入调酒壶,注入鸡尾酒配料,摇匀至起泡沫,倒入海波杯中,并在杯中注满苏打水。这种鸡尾酒酒香味甜,入口润滑,常饮可消除疲劳,振奋精神,尤其适宜夏季饮用。

10. Gimlet　螺丝锥子

1.5 oz　金酒

0.5 oz　柠檬汁

用具:调酒壶、鸡尾酒杯。

调制方法:将冰块和材料倒入调酒壶内,摇匀倒入杯中即可。

11. Singapore Sling　新加坡司令

1.5 oz　金酒

2/3 oz　柠檬汁

砂糖或糖浆两匙

0.5 oz　樱桃白兰地

苏打水适量

红樱桃、柳橙

用具:调酒壶、搅拌长匙、平底杯。

调制方法:将冰块和材料倒入调酒壶内,搅匀后倒入杯中,最后加适量苏打水,以水果装饰。

12. Grasshopper　青绿草蜢

3/4 oz　绿薄荷酒

3/4 oz　白可可甜酒(Crème de Cacao White)

2 oz　鲜牛奶

用具:调酒杯、滤冰器、鸡尾酒杯。

调制方法:将以上材料在调酒壶中加冰块迅速摇匀,滤入鸡尾酒杯。

13. Daiquiri　德其利

1.5 oz　淡罗姆

0.5 oz　柠檬汁

砂糖 1/2 匙

调制方法:将上述材料加冰搅匀后滤入糖圈口的鸡尾酒杯,或加有冰块的老式杯内,必要时可多加点糖,用一块鲜柠檬皮装饰。

14. Manhattan　曼哈顿

1.5 oz　威士忌

0.5 oz　甜味味美思

苦精　数滴

绿橄榄 1 粒

用具:调酒杯、滤冰器、吧匙、鸡尾酒杯

调制方法:将冰块和材料倒入调酒杯中,搅匀倒入杯中即可,用绿橄榄做装饰 。

15. Pina Colada　椰林飘香

2/3 oz　马里布

0.5 0z　朗姆酒

1.5 0z　椰子汁

2 oz　菠萝汁

调制方法:将冰、朗姆酒、马里布、椰奶放入搅拌器中,搅打,滤入杯中。

16. Pousse cafe　彩虹酒

红石榴糖浆——1/6

绿薄荷酒——1/6

黑色樱桃白兰地——1/6

无色君度酒——1/6

棕色白兰地——1/6

用具:利口杯(酒杯总容量约为 30ml)

调制方法:依序将配方慢慢倒入杯中,酒液量占酒杯八至九成满,间隔距离均等。

实训项目二　葡萄酒服务与鉴赏

一、实训要求

表 5-3　　葡萄酒服务实训标准与要求

实训项目	葡萄酒服务与鉴赏
实训时间	2 学时
实训目标	训练结束时，学生应熟练掌握葡萄酒服务的要领、程序及葡萄酒鉴赏步骤
实训标准与要求	1. 检查酒瓶：酒标是否完整，瓶盖是否完好，瓶内是否有沉淀，确保瓶身美观 2. 红葡萄酒餐前准备好红酒架，白葡萄酒准备冰桶，加入约 1/2 的冰，再加冷水至七分满，垫上白色餐巾 3. 示酒：将酒取出用白口布包住瓶身，酒标向上送至客人右手边，展示酒的产地、年份特点 4. 开酒：用酒刀打开酒，注意不要发出声音或溅出 展示瓶塞：将瓶塞放入展示盘，放于客人的右方，示意客人查看 5. 品酒：给主人倒入大约 1oz 酒，请主人品尝 6. 倒酒：主人品尝后，按先女士后男士、先主宾后主人的顺序倒酒，红葡萄酒斟倒约五成满，白葡萄酒倒酒约七成满 7. 白葡萄酒倒酒后将酒瓶放入冰桶中，保持温度
实训工具	红葡萄酒、白葡萄酒各 1 瓶，红葡萄酒杯、白葡萄酒杯各 1 个，开瓶器、口布
教学方法	讲解和示范相结合
讲　授	葡萄酒服务的要领、程序以及应注意的事项
示　范	葡萄酒服务程序
练　习	学生按照教师所示范的动作分组反复练习
测试方法	按照操作要领进行红葡萄酒或白葡萄酒服务，要求 10 分钟内完成

二、知识点

(一)酒温

温度是影响葡萄酒鉴赏的决定性因素之一。一般情况下，各类葡萄酒的最佳饮用温度为：

1. 陈年干红葡萄酒：16℃～18℃(即室温)。

2. 一般干红葡萄酒：12℃～16℃。

3．桃红、半干、半甜及甜型葡萄酒：10℃～12℃。

4．干白葡萄酒：8℃～10℃

5．气泡酒(包括香槟)：6℃～8℃。

葡萄酒的最佳饮用温度还应考虑外界温度。外界温度越高，葡萄酒的饮用温度就越低。

当将葡萄酒倒入酒杯后，葡萄酒的升温很快。例如，在环境温度为25℃的条件下，8℃的葡萄酒会在20分钟左右升至13℃。为了调整葡萄酒的饮用温度，可采取以下措施：

1．升温：避免直接对酒瓶加热，应将葡萄酒置于温暖的环境中加热。

2．降温：冰箱、冰桶均可使用。

(1)香槟至少要3小时的降温(也可以放入冷冻库或充满冰块与水的冰桶中45分钟)。

(2)白葡萄酒降温2小时即可(或在冰桶中冰30分钟)。

(3)红葡萄酒如果已经冷藏超过1小时，取出酒瓶将酒倒入杯中，约30分钟后它就会升到18℃左右。

(二)开瓶

侍酒师首先将酒给客人观看，并说出酒的产地和年份，酒标一侧一定要展示给客人。随后用带木柄的螺旋钻或杠杆式开瓶器开瓶。在缓缓拉出木塞时，要放轻动作以免发出大的响声。用餐巾擦拭瓶口，闻一闻，如果发现任何异味，应谨慎地品尝确定后决定是否更换。

具体步骤如下：

1．用酒刀沿瓶口第一条线切开箔纸。

2．用酒钻的螺旋钻尖轻轻地垂直插入木塞表面的正中部分，垂直旋转钻柄至螺纹全部进入软木塞为止，注意不要旋转酒瓶。见图5-4。

3．按下开瓶器的支撑杆将软木塞轻轻地往上拉。

4．用手指捏住软木塞下端部分，然后轻轻拉出软木塞。

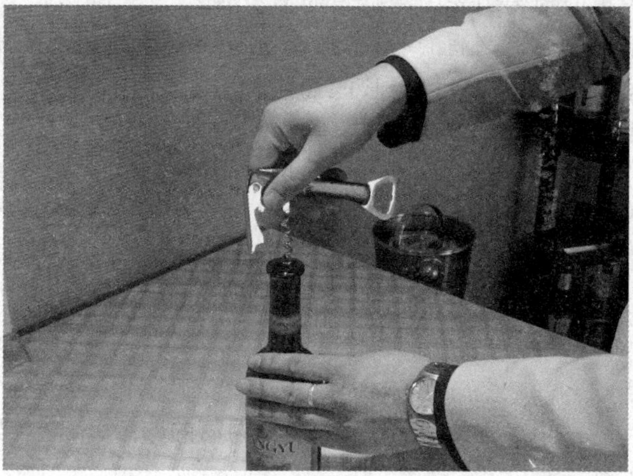

图 5-4　葡萄酒开瓶

（三）换瓶

陈年的红葡萄酒瓶底会有沉淀物，侍酒师会建议换瓶。换瓶前需将酒直立放置一定时间，等待沉淀；开瓶后则要将酒缓缓地倒入另一瓶中，而将沉淀物留在原瓶瓶底。这样的过程可以使长年的单宁柔化，减少苦涩，而增添顺滑温润的口感。

（四）酒杯

葡萄酒杯应无色晶莹透明，杯身无气泡，通常情况下酒杯都是带脚的高脚杯，这样饮用是就不至于因手温较高而影响杯中葡萄酒的温度。红葡萄酒杯开口较大，有利于红葡萄酒在酒杯中充分展示时其酒香。白葡萄酒杯开口较小，为的是保持酒的香味。香槟酒或汽酒应用笛形或郁金香形的杯具，这样可以很好地保持酒中的气泡，浅碟形香槟杯不是理想的杯具，它会使酒中的二氧化碳气体迅速挥发，而在杯中留下平淡无味的酒液。

（五）服务礼仪

1. 醒酒/呼吸

对于酒龄较短的酒，尤其是未到成熟期的葡萄酒，通常要先开瓶透气让酒稍微氧化，酒的味道也会变得稍微柔顺。但“呼吸”的时间需要视不同的酒而定。香槟或甜白酒可以提前 1 小时开瓶，年轻的新红酒则需要在 0.5～1 小时，最多不应超过 3 小时。而至于陈酒，则在使用时开瓶最佳。

2. 宴请宾客时，上酒应注意以下规则：

(1)酒质较轻的葡萄酒应比酒质较重的葡萄酒先敬上来供客人饮用。

(2)干葡萄酒先上，甜葡萄酒后上。

(3)酒龄较短的葡萄酒先于酒龄长的葡萄酒。

(4)如果不想更换葡萄酒的品种,那么就应该变化葡萄酒的年份;同一品种的酒,酒龄较短的葡萄酒先于酒龄长的葡萄酒。

3. 保持瓶装葡萄酒的澄清度

酒店用酒必须澄清透明,没有浑浊和沉淀。但是对于一些葡萄酒,特别是红葡萄酒,在瓶内经过较长时间的贮存后,很难避免在瓶内产生一些沉淀物,在这种情况下,必须先除去沉淀物,然后再按以上所述程序送上餐桌。从酒窖中取出酒瓶,进入餐厅以及打开瓶塞等,应该避免使酒瓶发生任何震荡。在倒出葡萄酒时也应非常小心。

(六)葡萄酒品鉴

品酒前的准备:用净水漱口;记录下对不同酒的印象;不吃有异味的东西;不擦香水,以免干扰酒香。

1. 看

葡萄酒的品尝通过眼、鼻、口、舌来感觉葡萄酒色、香、味等品质特色。品酒时,先用眼来仔细观察酒的清晰度和酒的色泽,酒的透明度不仅是一项重要的外观指标,也是质量好坏的重要标志。晶莹透亮、微黄带绿是干白葡萄酒的颜色;金黄色闪闪发亮是甜白葡萄酒的颜色;宝石红晶莹透亮是干红葡萄酒的颜色;红中带棕、酒液透明是甜红葡萄酒的颜色。不同颜色代表不同的酒品,鉴赏葡萄酒可将酒杯对着烛光,或在自然光下高举过视线细细辨别。如酒中出现浑浊或沉淀,可能意味着酒已变质,但红葡萄酒,特别是优质红葡萄酒中含有一定的沉淀物,只需稍加沉淀后并不影响酒的质量。酒色能显示萄萄种类、酒的成熟程度以及陈酿时间长短。新酒比陈酒有光泽。透明度也很重要,浑浊可能因为搅动了沉淀物,但也许是有瑕疵。白葡萄酒:从无色透明到深金色,但大部分是淡禾杆黄色。陈酿时间越长,颜色越深。颜色较淡的产自凉爽地区,颜色深的则出自温暖区域。红葡萄酒:从粉红到近似黑色,主要由品种决定。越陈越有光泽,边缘呈棕色且颜色越淡,说明越成熟。

2. 闻

嗅香是品酒的第二步,嗅香时将鼻子伸进装有 1/3 酒液的郁金香型酒杯中,充分品味葡萄酒的香气;若酒气不正,带有烂蘑菇或烂白菜的气味,则表示酒已变质,或酒液中二氧化硫成分过高。见图 5-5 所示。

图 5-5　葡萄酒鉴赏

3. 尝

味觉品尝才是真正的葡萄酒品尝，这对酒的质量至关重要。通常舌尖对甜味最敏感，舌根对苦味最敏感，舌的周围边沿对咸味最敏感，舌两侧中部则对酸味最敏感。酒液进口后，必须吸入一些空气，使酒液在舌头上前后滚动，尽可能充分使酒香和味道释放出来，然后尽快使酒接触到口中的各个部位，产生均匀的刺激，然后吐出或咽下，再品味酒的后味。

葡萄酒的鉴赏，应该从酸度、酒精度、香味和单宁这四种因素来考虑。酸度应适宜，不足会导致酒味淡且不持久，相反过高则会使酒粗糙、辣口。酒精含量即酒的浓度。不同的酒香味不同，有的倾向于果香、花香，有的则呈现烧烤的香气。单宁是葡萄皮中包含的物质，含量过高会有涩味，白葡萄酒不含单宁。这四种因素协调均衡的酒就是平衡感好的酒。

三、实训内容

(一)物品准备

准备好红葡萄酒、白葡萄酒、红葡萄酒杯、白葡萄酒杯、冰桶、托盘、4 张长条桌，餐椅若干。

(二)课堂实训

1. 指导教师强调红葡萄酒服务要领并作示范。具体步骤及要求如下：

(1)检查酒瓶：酒标是否完整，瓶盖是否完好，瓶内是否有沉淀，确保瓶身美观。

(2)餐前准备好红酒架，垫上白色餐巾。

(3)展示酒瓶，将酒放入酒架，酒标向上送至客人右手边，展示酒的产地、年份特点。

(4)开酒:用酒刀打开酒,注意不要发出声音或溅出。

(5)展示瓶塞:放入展示盘中。

(6)品酒:给主人倒入大约 30ml 酒,请主人品尝。

(7)倒酒:主人品尝后,按先女士后男士、先客人后主人的顺序倒酒约五分满。

2. 按照操作要领,学生分成 4 组练习。

◎练习一:开酒练习。用酒刀沿瓶口第一条线切开箔纸,用酒钻的螺旋钻尖轻轻地垂直插入木塞表面的正中部分,垂直旋转钻柄至螺纹全部进入软木塞为止,注意不要旋转酒瓶。按下开瓶器的支撑杆将软木塞轻轻得往上拉。用手指捏住软木塞下端部分,然后轻轻拉出软木塞。

◎练习二:红葡萄酒服务,学生按照服务程序,轮流练习。

3. 指导教师强调白葡萄酒服务要领并作示范,具体要求:

(1)准备冰桶:加入约 1/2 的冰,再加冷水至七分满,准备一条叠成长条形的白口布。

(2)检查酒瓶(同红葡萄酒):检查后将酒放入冰桶,放置于客人的桌旁,注意不要离客人太近。

(3)示酒:将酒取出用白口布包住瓶身,酒标向上。

(4)开酒:用酒刀打开葡萄酒,注意不要发出声音或溅出酒水。

(5)展示瓶塞:将瓶塞放入展示盘,放于客人的右方,示意客人查看。

(6)品酒:给主人倒入大约 30ml 酒请主人品尝。

(7)倒酒:主人品尝后,按先女士后男士、先客人后主人的顺序倒酒约2/3满。

(8)倒酒后将酒瓶放入冰桶中,保持温度。

(9)倒空一瓶后询问客人是否需要添加。

4. 按照操作要领,学生分 4 组练习。

(三)课后练习

学生利用课余时间到操作间按照教师所示范的动作分组反复练习,达到考核标准。

四、考核标准

表 5-4 葡萄酒侍酒服务考核表

项目	分数	要 求 和 标 准	细节配分	扣分	得分
准备	20	检查酒瓶:酒标是否完整,瓶盖是否完好,瓶内是否有沉淀,确保瓶身美观	10		
		红葡萄酒餐前准备好红酒架,白葡萄酒准备好冰桶,加入约 1/2 的冰,再加冷水至七分满,垫上白色餐巾	10		
侍酒	60	示酒:将酒取出用白口布包住瓶身,酒标向上,酒标向上至客人右手边,展示酒的产地,年份特点	10		
		开酒:用酒刀打开酒,注意不要发出声音或溅出	10		
		展示瓶塞:将瓶塞放入展示盘,放于客人的右方,示意客人查看	10		
		品酒:给主人倒入大约 30ml 酒,请主人品尝	10		
		倒酒:主人品尝后,按先女后男士,先主宾后主人的顺序倒酒,红葡萄酒斟倒约五成满,白葡萄酒倒酒约七成满	10		
		倒酒后将酒瓶放入冰桶中,保持温度	10		
整体要求	20	手法卫生,动作标准	10		
		仪态自然	10		
合计	100				
实际得分					

实训项目三　茶　艺

一、实训要求

表 5-5　　茶艺实训标准与要求

实训项目	茶艺
实训时间	4 学时
实训目标	训练结束时，学生掌握绿茶、乌龙茶、普洱茶的冲泡方法
实训标准与要求	1.发型、服饰与茶艺表演类型相协调 2.形象自然、得体，高雅，表演中用语得当，表情自然，具有亲和力 3.动作、手势、站立姿势端正大方 4.茶器具之间功能协调、质地、形状、色彩调和 5.茶器具布置与排列有序、合理 6.根据主题配置音乐，具有较强艺术感染力 7.冲泡程序契合茶理，投茶量适用，水温、冲水量及时间把握合理 8.操作动作适度，手法连绵、轻柔，顺畅，过程完整 9.奉茶姿势自然，言辞恰当 10.收具顺序条理 11.茶色、香、味、形表达充分 12.奉客人茶汤应温度适宜 13.茶汤适量 14.在 15 分钟内完成茶艺表演
实训工具	玻璃茶杯、盖碗、紫砂壶、公道杯、闻香杯、品茗杯、茶盘、随手泡、锡茶叶罐、茶巾、茶道器、茶叶适量
教学方法	讲解和示范相结合
讲　授	茶艺的操作要领及注意事项
示　范	绿茶、乌龙茶、普洱茶的冲泡
练　习	学生按照教师所示范的动作分组反复练习
测试方法	按照考核标准要求进行

二、知识点

我国是茶树的原产地，茶树最早出现于我国西南部的云贵高原西双版纳地区。但是有部分学者认为茶树的原产地在印度，理由是印度有野生茶树，而中国没有。但他们不知中国在公元前200年左右的《尔雅》中就提到有野生大茶树，而且还有“茶树王”。

茶艺，是指如何泡好一壶茶的技术和如何享受一杯茶的艺术。其过程体现形式和精神的相互统一，是饮茶活动过程中形成的文化现象。就形式而言，茶艺包括选茗、择水、烹茶技术、茶具艺术、环境的选择创造等一系列内容。泡好一壶和享受一杯茶也要涉及广泛的内容，如识茶、选茶、泡茶、品茶、茶叶经营、茶文化、茶艺美学等。总之，茶艺是形式和精神的完美结合，其中包含着美学观点和人的精神寄托。泡茶可以因时、因地、因人的不同而有不同的方法。泡茶时涉及茶、水、茶具、时间、环境等因素，把握这些因素之间的关系是泡好茶的关键。见图5-6。

图5-6 茶艺

(一)茶的种类

1. 绿茶

绿茶主产于中国，其次在日本、越南、韩国等国也有生产。绿茶是我国产量最多的一类茶，全国18个产茶省(区)都生产绿茶，江苏、浙江、安徽、河南、山东、湖南、湖北、云南等省份都有绿茶生产。绿茶也是我国最主要的出口茶类。

绿茶总的品质特征是清汤、绿叶。在绿茶加工过程中，由于高温湿热作用，破坏了茶叶中的酶的活性，阻止了茶叶中的主要成分——多酚类的酶性氧化，较多地保留了茶鲜叶中原有的各种化学成分，保持了“清汤绿叶”的品质风格，因此，绿茶也叫“不发酵茶”。

2. 花茶

花茶，又名“香片”，利用茶善于吸收异味的特点，将有香味的鲜花和新茶一起闷，茶将香味吸收后再把干花筛除，制成的花茶香味浓郁，茶汤色深，深得偏好重口味的中国北方人喜爱。花茶主要是指以绿茶、红茶和乌龙茶作为茶坯，以能够吐香的鲜花作为原料，采用窨制工艺制作而成的茶叶。根据其所用的香花品种不同，分为茉莉花茶、玉兰花茶、桂花花茶、珠兰花茶等，其中以茉莉花茶产量最大。

3. 乌龙茶

乌龙茶，亦称“青茶”“半发酵茶”，是中国几大茶类中独具鲜明特色的茶叶品类。乌龙茶综合了绿茶和红茶的制法，其品质介于绿茶和红茶之间，既有红茶的浓鲜味，又有绿茶的清芬香，并有“绿叶红镶边”的美誉。根据其产区不同，乌龙茶可分为闽北乌龙、闽南乌龙、广东乌龙、台湾乌龙等亚类。

4. 红茶

红茶属于发酵茶类，是以茶树的芽叶为原料，经过萎凋、揉捻(切)、发酵、干燥等典型工艺过程精制而成。因其干茶色泽和冲泡的茶汤以红色为主调，故名“红茶”。红茶在加工过程中发生了以茶多酚酶促氧化为中心的化学反应，鲜叶中的化学成分变化较大，茶多酚减少 90%以上，产生了茶黄素、茶红素等新成分。我国红茶品种主要有：祁红——产于安徽祁门、至德及江西浮梁等地；滇红——产于云南佛海、顺宁等地；霍红——产于安徽六安、霍山等地；苏红——产于江苏宜兴；越红——产于湖南安化、新化、桃源等地；川红——产于四川宜宾、高县等地；吴红——产于广东英德等地。其中以祁门红茶最为著名。

5. 普洱茶

普洱茶是云南特有的地方名茶。该茶以云南为原产地的大叶种晒青茶经过再加工而形成两个系列：直接再加工为成品的生普和经过人工速成发酵后再加工而成的熟普。型制上又分散茶和紧压茶两类。普洱茶制成后都还持续进行着自然陈化过程，具有越陈越香的独特品质。

(二)茶的冲泡

1. 泡茶用水选择

水是茶叶滋味和内含有益成分的载体，茶的色、香、味和各种营养保健物质都要溶于水后，才能供人享用。因此对水有着较高的要求：其一，水质要清。水清则无杂、无色、透明、无沉淀物，最能显出茶的本色。其二，水体要轻，北京玉泉山的玉泉水比重最轻，故被御封为"天下第一泉"。其三，水味要甘。所谓"水甘"，即一入口，舌尖顷刻便会有甜滋滋的美妙感觉。用这样的水泡茶自然会增茶之美味。其四，水温要冽。因为寒冽之水多出于地层深处的泉脉之中，所受污染少，泡出的茶汤滋味纯正。其五，水源要活。流动的活水中细菌不易繁殖，同时活水有自然净化作用，在活水中氧气和二氧化碳等气体的含量较高，泡出的茶汤特别鲜爽可口。

2. 茶水比例

茶叶用量应根据不同的茶具、不同的茶叶等级而有所区别，一般而言，水多茶少，滋味淡薄；茶多水少，茶汤苦涩不爽。因此，细嫩的茶叶用量要多，较粗的茶叶用量可少些。普通的红、绿茶类（包括花茶），可大致掌握在 1 克茶冲泡 50～60ml水。一般来说，茶不可泡得太浓，因为浓茶有损胃气，对脾胃虚寒者更甚；茶叶中含有鞣酸，太浓太多，可收缩消化黏膜，妨碍胃吸收，引起便秘和牙黄。同时，太浓的茶汤和太淡的茶汤不易体会出茶香嫩的味道。

3. 冲泡水温

冲泡茶的水温高，茶汁就容易浸出；冲泡茶的水温低，茶汁浸出速度就慢。泡茶的茶水一般以落开的沸水为好，水温约 85℃，滚开的沸水会破坏维生素 C 等成分，而咖啡碱、茶多酚很快浸出，使茶味变苦涩；水温过低则茶叶浮而不沉，内含的有效成分浸泡不出来，茶汤滋味寡淡。冲泡乌龙茶、普洱茶和沱茶等特种茶，由于原料并不细嫩，加之用茶量较大，所以须用刚沸腾的 100℃ 开水冲泡。特别是乌龙茶为了保持和提高水温，要在冲泡前用滚开水烫热茶具；冲泡后用滚开水淋壶加温，目的是增加温度，使茶香充分发挥出来。

4. 冲泡时间

茶叶冲泡时间差异很大，与茶叶种类、泡茶水温、用茶数量和饮茶习惯等都有关。茶的滋味是随着时间延长而逐渐增浓的。据测定，用沸水泡茶，首先浸泡出来的是咖啡碱、维生素、氨基酸等，大约到 3 分钟时，含量较高。这时饮起来，茶汤有鲜爽醇和之感，但缺少饮茶者需要的刺激味。以后，随着时间的延续，茶多酚浸出物含量逐渐增加。

5. 冲泡次数

茶叶中各种有效成分的浸出率是不一样的，最容易浸出的是氨基酸和维生素 C，其次是咖啡碱、茶多酚、可溶性糖等。一般茶冲泡第一次时，茶中的可溶性物质能浸出 50%～55%；冲泡第二次时，能浸出 30% 左右；冲泡第三次时，能浸出约 10%；冲泡第四次时，只能浸出 2%～3%，所以通常以冲泡三次为宜。

三、实训内容

(一)物品准备

准备好玻璃茶杯、盖碗、紫砂壶、公道杯、闻香杯、品茗杯、茶盘、随手泡、锡茶叶罐、茶巾、茶道器、茶叶适量。

(二)课堂实训

1. 指导教师强调操作要领并作示范,具体步骤及要求如下:

(1)发型、服饰与茶艺表演类型相协调。

(2)形象、高雅、得体,表演中用语得当,表情自然,具有亲和力。

(3)动作、手势、站立姿势端正大方。

(4)茶器具之间功能协调,质地、形状、色彩和谐。

(5)茶器具布置与排列有序、合理。

(6)根据主题配置音乐,具有较强的艺术感染力。

(7)冲泡程序契合茶理,投茶量适度,水温、冲水量及时间把握合理。

(8)操作动作适度,手法连绵、轻柔,顺畅,过程完整。

(9)奉茶姿势自然,言辞恰当。

(10)收具顺序条理。

(11)茶色、香、味、形表达充分。

(12)奉客人茶汤应温度适宜。

(13)茶汤适量。

(14)在15分钟内完成茶艺表演。

2. 按照操作要领,学生每人备一套茶具练习。

◎练习一:绿茶茶艺练习。

(1)用具:玻璃茶杯,香一支,白瓷茶壶一把,香炉一个,茶盘一个,开水壶两个,茶叶罐一个,茶巾一条,茶道器一套,绿茶每人3克。

(2)绿茶茶艺解说词:

第一道——点香:焚香除妄念。

俗话说:"泡茶可修身养性,品茶如品味人生。"古今品茶都讲究要平心静气。"焚香除妄念"就是通过点燃这支香,来营造一个祥和肃穆的气氛。

第二道——洗杯:冰心去凡尘。

茶,至清至洁,是天涵地育的灵物,泡茶要求所用的器皿也必须至清至洁。"冰心去凡尘"就是用开水再烫一遍本来就干净的玻璃杯,做到茶杯冰清玉洁,一尘不染。

第三道——凉汤:玉壶养太和。

绿茶属于芽茶类，因为茶叶细嫩，若用滚烫的开水直接冲泡，会破坏茶芽中的维生素并造成熟汤失味。只宜用80℃的开水。“玉壶养太和”就是把开水壶中的水预先倒入瓷壶中养一会儿，使水温降至80℃左右。

第四道——投茶：清宫迎佳人。

苏东坡有诗云：“戏作小诗君勿笑，从来佳茗似佳人。”“清宫迎佳人”就是用茶匙把茶叶投放到冰清玉洁的玻璃杯中。

第五道——润茶：甘露润莲心。

好的绿茶外观如莲心，乾隆皇帝把茶叶称为“润心莲”。“甘露润莲心”就是在开泡前先向杯中注入少许热水，起到润茶的作用。

第六道——冲水：凤凰三点头。

冲泡绿茶时也讲究高冲水，在冲水时水壶有节奏地三起三落，好比是凤凰向客人点头致意。

第七道——泡茶：碧玉沉清江。

冲入热水后，茶先是浮在水面上，而后慢慢沉入杯底，我们称之为“碧玉沉清江”。

第八道——奉茶：仙人捧玉瓶。

传说中仙人捧着一个瓶，瓶中的甘露可消灾祛病，救苦救难。茶艺小姐把泡好的茶敬奉给客人，意在祝福好人们一生平安。

第九道——赏茶：春波展旗枪。

这道程序是绿茶茶艺的特色程序。杯中的热水如春波荡漾，在热水的浸泡下，茶芽慢慢地舒展开来，尖尖的叶芽如枪，展开的叶片如旗。一芽一叶的称为“旗枪”，一芽两叶的称为“雀舌”。在品绿茶之前先观赏在清碧澄净的茶水中，千姿百态的茶芽随波晃动，好像绿精灵在舞蹈，十分生动有趣。

第十道——闻茶：慧心悟茶香。

品绿茶要一看、二闻、三品味，在欣赏“春波展旗枪”之后，要闻一闻茶香。绿茶与花茶、乌龙茶不同，它的茶香更加清幽淡雅，必须用心灵去感悟，才能够闻到那春天的气息以及清醇悠远、难以言传的生命之香。

第十一道——品茶：淡中品致味。

绿茶的茶汤清醇甘鲜，淡而有味，它虽然不像红茶那样浓艳醇厚，也不像乌龙茶那样酽韵醉人，但是只要你用心去品，就一定能从淡淡的绿茶香中品出天地间至清、至醇、至真、至美的韵味来。

第十二道——谢茶：自斟乐无穷。

◎练习二：乌龙茶茶艺练习

(1)用具：紫砂壶、闻香杯、品茗杯、茶荷、茶道(由茶漏、茶、茶夹、茶匙、茶针等组成)、茶海、茶巾、茶筒、香炉、明炉组、茶托、公道杯、茶漏、壶垫。

(2)乌龙茶茶艺解说词:

中国是茶的故乡,早在西汉、南北朝时期通过丝绸之路传到世界各地。茶是我国的国粹,是健康的使者,已成为中华民族精神文明的象征。

第一道:“孔雀开屏”。即孔雀向它的同伴展示它美丽的羽毛。在泡茶之前,让我借“孔雀开屏”这道程序向大家展示我们这些典雅精美、工艺独特的工夫茶具。茶盘:用来陈设茶具及盛装不喝的余水。宜兴紫砂壶:也称“孟臣壶”。茶海:也称“茶盅”,与茶滤合用起到过滤茶渣的作用,使茶汤更加清澈亮丽。闻香杯:因其杯身高,口径小,用于闻香,有留香持久的作用。品茗杯:用来品茗和观赏茶汤。茶道一组(内有五件:茶漏——放置壶口,扩大壶嘴,防止茶叶外漏;茶则——量取茶叶;茶夹——夹取品茗杯和闻香杯;茶匙——拔取茶叶;茶针——疏通壶口)。茶托:托取闻香杯和品茗杯。茶巾:拈拭壶底及杯底的余水。随手泡:保证泡茶过程的水温。

第二道:“火煮山泉”。泡茶用水极为讲究,宋代大文豪苏东坡是精通茶道之人,他总结泡茶的经验时说:“活水还须活火烹。”火煮山泉,即用旺火来煮沸壶中的山泉水,今天我们选用的是纯净水。

第三道:“叶嘉酬宾”。“叶嘉”是宋代诗人苏东坡对茶叶的美称,“叶嘉酬宾”是请大家鉴赏茶叶,可看其外形、色泽,嗅闻其香气。这是铁观音,其颜色青中常翠,外形为包揉形,以匀称、紧结、完整为上品。

第四道:“孟臣沐淋”。孟臣(惠孟臣)是明代的制壶名家,后人将“孟臣”代指各种名贵的紫砂壶,因为紫砂壶有保温、保味、聚香的特点,泡茶前我们用沸水淋浇壶身可起到保持壶温的作用,亦可借此为各位嘉宾接风洗臣,洗去一路风尘。

第五道:“若琛出浴”。茶是至清至洁的灵物,用开水烫洗一下本来就已经干净的品茗杯和闻香杯,使杯身杯底做到至清至洁,一尘不染,也是对各位嘉宾的尊敬。

第六道:“乌龙入宫”。茶似乌龙,壶似宫殿,取茶通常取壶的1/2处,这主要取决于大家的浓淡口味。诗人苏轼把乌龙入宫比做佳人入室,他言:“戏作小诗君勿笑,从来佳茗似佳人。”在诗句中把上好的乌龙茶比作让人一见倾心的绝代佳人,轻移莲步,使得满室生香,形容乌龙茶的美好。

第七道:“高山流水”。茶艺讲究高冲水,低斟茶。

第八道:“春风拂面”。用壶盖轻轻推掉壶口的茶沫。乌龙茶讲究“头泡汤,二泡茶,三泡四泡是精华”。工夫茶的第一遍茶汤,我们一般只用来洗茶,俗称“温润泡”,亦可用于养壶。

第九道:“重洗仙颜”。意喻第二次冲水,淋浇壶身,保持壶温。让茶叶在壶中充分地释放香韵。

第十道："游山玩水"。工夫茶的浸泡时间非常讲究，过长苦涩，过短则无味，因此要在最佳时间将茶汤倒出。

第十一道："祥龙行雨"。取其"甘霖普降"的吉祥之意。"凤凰点头"象征着向各位嘉宾行礼致敬。

第十二道："珠联璧合"。我们将品茗杯扣于闻香杯上，将香气保留在闻香杯内，称为"珠联璧合"。在此祝各位嘉宾家庭幸福美满。

第十三道："鲤鱼翻身"。中国古代神话传说，鲤鱼翻身跃过龙门可化龙升天而去，我们借这道程序，祝福在座的各位嘉宾跳跃一切阻碍，事业发达。

第十四道："敬奉香茗"。坐酌淋淋水，看间涩涩尘，无由持一碗，敬于爱茶人。

第十五道："喜闻幽香"。把高口的闻香杯倾45°放在鼻前轻轻转动，可喜闻幽香。高口的闻香杯里如同开满百花的幽谷，随着温度的逐渐降低，可闻到不同的芬芳。

第十六道："三龙护鼎"。即用大拇指和食指轻扶杯沿，中指紧托杯底，这样举杯既稳重又雅观。

第十七道："鉴赏汤色"。请嘉宾鉴赏铁观音的汤色——金黄明亮。

第十八道："细品佳茗"。第一口"玉露初品"，茶汤入口后不要马上咽下，而应吸气，使茶汤与舌尖舌面的味蕾充分接触；第二口"好事成双"，这一口主要品茶汤过喉的滋味是鲜爽、甘醇还是生涩平淡；第三口"三品石乳"，可一饮而尽。希望客人在快节奏的现代生活中，充分享受那幽情雅趣，让忙碌的身心有个宁静的回归。

茶是一种液态的情感、温馨、体贴，可称知己。

茶是一部沸腾的史诗，温文、尔雅，可谓益友。

◎练习三：普洱茶茶艺

(1)用具：盖碗、品茗杯、茶荷、茶道器一套。茶巾、茶叶罐、公道杯、茶刀、随手泡。

(2)普洱茶茶艺解说词：

普洱茶是一种历史悠久的云南所特有的地方名茶。它分为两种：一种是直接再加工为成品的生普，另一种是经过人工速成发酵后再加工而成的熟普。从型制上看，又分散茶和紧压茶两类。

下面我们用工夫泡法来泡一泡普洱茶：

第一道—— 撬茶

用茶刀从各种普洱紧压茶(饼、砖、沱等)撬下适量(5～10克)普洱茶。

第二道—— 投茶

将撬下来的普洱茶放入盖碗中。

第三道—— 洗茶

将沸水冲入盖碗中泡茶，这称为第一泡，一般情况下第一泡是不喝的，用来洗去茶中灰尘以及让茶叶遇水溶开，以便后几泡能有饱满地道的茶味。第一泡应迅速从杯中倒掉，避免茶味被过度洗走。

第四道—— 洗杯

第一泡茶可以倒入茶杯中洗洗杯子再倒掉，也称“暖杯”，可以让杯子待会儿盛茶汤时味道更醇厚。

第五道—— 第二泡

再次冲入沸水泡茶，这一泡开始是用来喝的了。

第六道—— 出汤

根据自身对茶味浓淡的喜好，泡一定时间后将茶汤倒出以便品尝(泡的时间越长，茶汤越浓，第二泡一般30秒钟即可出汤)。茶汤是从盖碗中倒进公道杯中，公道杯上面可加滤网以便滤除茶叶碎末。

第七道——分汤品茗

将公道杯中的茶汤分别倒入各人的小茶杯中，就可一起分享地道的普洱茶了。

(三)课后练习

学生利用课余时间到操作间按照教师所示范的动作分组反复练习，达到考核标准。

四、考核标准

表5-6　　茶艺实训考核表

项目	分数	要求和标准	细节配分	扣分	得分
茶席布置	20	茶器具之间功能协调，质地、形状、色彩和谐	10		
		茶器具布置与排列有序、合理	10		

续表

茶艺表演	50	根据主题配置音乐，具有较强艺术感染力	10		
		冲泡程序契合茶理，投茶量适用，水温、冲水量及时间把握合理	10		
		操作动作适度，手法连绵、轻柔，顺畅，过程完整	10		
		奉茶姿态、姿势自然，言辞恰当	10		
		收具姿态得当，轻拿轻放	10		
茶汤质量	20	茶色、香、味、形表达充分	10		
		奉客人茶汤应温度适宜，茶汤适量	10		
整体要求	10	手法卫生，动作标准	5		
		仪态自然，有亲和力	5		
合计	100				
时间		在15分钟内完成茶艺表演，超时扣分			
实际得分					

实训项目四　咖啡制作

一、实训要求

表5-7　　咖啡制作实训标准与要求

实训项目	咖啡制作
实训时间	4学时
实训目标	训练结束时，学生掌握咖啡热饮的制作方法

续表

实训标准与要求	1.发型、服饰与咖啡制作相协调 2.形象自然、得体、高雅,表演中用语得当,表情自然,具有亲和力 3.器具之间功能协调,质地、形状、色彩和谐 4.器具布置与排列有序、合理 5.动作符合要求 6.操作符合卫生标准 7.咖啡浓度适中 8.温度适宜 9.味道均衡
实训工具	咖啡机、磨豆机、咖啡杯、咖啡勺
教学方法	讲解和示范相结合
讲 授	咖啡制作要领及注意事项
示 范	咖啡制作要领及注意事项
练 习	学生按照教师所示范的动作分组反复练习
测试方法	按照考核标准测试

二、知识点

(一)咖啡的历史

咖啡据说出现在公元前8世纪,但是早在荷马(希腊诗人,生卒年有争论,一较权威说法是生于公元前744年)的作品和许多古老的阿拉伯传奇里,就已记述了一种神奇的、色黑、味苦涩,且具有强烈刺激力量的饮料。公元10世纪前后,阿维森纳(Avicenna,980～1037,哲学家、医生、理论家等)则用咖啡作为药物治疗疾病。虽然咖啡是在中东发现的,但是咖啡树最早源于非洲一个现属埃塞俄比亚的地区——Kaffa,从这里咖啡传向也门、阿拉伯半岛和埃及。正是在埃及,咖啡的发展异常迅猛,并很快进入人们的日常生活。

(二)咖啡豆的品种

1. 蓝山咖啡

蓝山咖啡产于牙买加。纯牙买加蓝山咖啡将咖啡中独特的酸、苦、甘、醇等味道完美地融合在一起,香味十分浓郁,香醇甘滑,有持久的水果味,形成强烈诱人的优雅气息,是咖啡中的极品。

2. 哥伦比亚咖啡

哥伦比亚咖啡产于哥伦比亚,烘焙后的咖啡豆,会释放出甘甜的清香,具有酸中带甘、苦味中平的特性，且浓度适中，并带有持久的水果清香，营养十分丰富，高均衡度，有时具有坚果味。因为浓度合宜的缘故，也被应用于高级的混合咖啡中。

3. 巴西咖啡

巴西咖啡种类繁多，多数的咖啡带有适度的酸性特征，其甘、苦、醇三味属中性，浓度适中，口味滑爽而特殊，也是非常好的调配用豆。

4. 意大利咖啡

意大利咖啡具有浓郁的香味及强烈的苦味，咖啡的表面并浮现一层薄薄的咖啡油给意大利咖啡带来诱人的香。

5. 曼特宁咖啡

曼特宁咖啡产于印度尼西亚的苏门答腊群岛，颗粒饱满，带有浓重的浓香味、辛辣的苦味，同时又具有糖浆味和巧克力味，而酸味就显得不突出，咖啡爱好者大都单品饮用，它也是调配混合咖啡不可或缺的品种。

6. 摩卡咖啡

摩卡咖啡产于埃塞俄比亚，豆小而香浓，其酸醇味强，略带酒香，辛辣刺激，甘味适中，风味特殊，是颇负盛名的优质咖啡，通常单品饮用。

7. 炭烧咖啡

炭烧咖啡由日本人最早用木炭烘培咖啡豆而得名。这种咖啡喝起来确实有一种炭烧的味道，但是不会很浓，保留了咖啡原有的味道。

8. 山多士

山多士属于巴西咖啡中的极品，是以巴西山圣保罗州多士港口命名的咖啡，其咖啡豆粒大，香味高，有适度的苦味，也有高品质的酸度，总体口感柔和，回味无穷。

9. 曼巴

曼巴揉合曼特宁及巴西咖啡特有的风味，味道丰厚浓郁，而且还带有淡淡的清香。

10. 曼蓝

曼蓝是由曼特宁和蓝山以 1∶1 的比例混合而成，当曼特宁的苦味遇上了蓝山的微酸，两者相互中和，香味更是香醇。

(三)咖啡烘焙

将生咖啡豆煎焙，使咖啡豆呈现出独特的咖啡色、香味与口感。煎焙最重要的是能够将豆子的内、外侧都均匀地炒透而不过焦。咖啡的味道 80％是取决于煎焙，是冲泡好喝咖啡最重要也是最基本的条件。

咖啡豆的煎焙大致可分为轻火、中火、强火三大类，而这三种煎焙又可细分为 8 个阶段：

1. Light

最轻度的煎焙，无香味，检验用，轻火。

2. Cinnamon

一般的煎焙程度，留有强烈的酸味。豆子呈肉桂色，为美国西部人士所喜好。

3. Medium

中度煎焙。香醇、酸味适中，主要用于综合式咖啡，中火。

4. High

酸中带苦，适合蓝山及乞立马扎罗等咖啡，为日本、北欧人士所喜爱，中火（稍强）。

5. City

苦味较酸味为浓，适合哥伦比亚及巴西的咖啡，深受纽约人士喜爱，中火（强）。

6. Full City

适合冲泡冰咖啡。无酸味，以苦味为主，也为中南美人士饮用，小强火。

7. French

苦味强、色黑，法国式的烘培法，用于蒸汽加压器煮的咖啡，强火（法式）。

8. Italian

泛油、色黑，意大利式的烘培法，意大利式蒸汽加压咖啡用，大强火（意式）。

（四）咖啡研磨

研磨豆子的时候，粉末的粗细要视烹煮的方式而定。一般而言，烹煮的时间愈短，研磨的粉末就要愈细；烹煮的时间愈长，研磨的粉末就要愈粗。以实际烹煮的方式来说，ESPRESSO 机器制作咖啡所需的时间很短，因此磨粉最细，咖啡粉细得像面粉一般；用塞风方式烹煮咖啡，大约需要一分多钟，咖啡粉属中等粗细的研磨；美式滤滴咖啡制作时间长，因此咖啡粉的研磨是最粗的，一颗颗像沙滩上的沙粒般。研磨粗细适当的咖啡粉末，对想做一杯好咖啡是十分重要的，因为咖啡粉中水溶性物质的萃取有它理想的时间，如果粉末很细，又烹煮长久，易造成过度萃取，咖啡可能非常浓苦而失去芳香；反之，若是粉末很粗而且又烹煮太快，导致萃取不足，那么咖啡就会淡而无味，因为来不及把粉末中水溶性物质溶解出来。

一般而言，好的研磨方法应包含以下 4 个基本原则：

1. 应选择适合冲煮的研磨度；

2. 研磨时所产生的温度要低；

3. 研磨后的粉粒要均匀；

4. 冲煮之前才研磨。

不管使用什么样的研磨机，在操作时一定会摩擦生热。优良物质大多具有高挥发性，研磨的热度会增加挥发的速度，使香醇散失于空气中。咖啡豆在研磨之后，细胞壁会完全崩解，这时与空气接触的面积会增加很多，氧化与变质的速度变快，咖啡在0.5～2分钟就会丧失风味。因此，建议不要买咖啡粉，最好买咖啡豆，在喝前才研磨，磨好后则应赶快冲泡。

（五）咖啡的服务

影响咖啡冲泡结果的因素有很多，与咖啡的品种、等级、生长情况、原产地及咖啡豆烘焙方法、研磨粉末粗细、咖啡新鲜度、储存方法等都有关系。另外，冲泡咖啡的水质、水温、火候、器具或容器也会影响咖啡冲泡的品质。

1. 选用新鲜的咖啡

咖啡豆在磨碎后，其味道和气味消失很快，要保存在严密的容器内，而且还要放在干燥和阴凉的地方。

2. 咖啡与水的比例要适宜

咖啡使用量需根据所煮咖啡的颗粒粗细及饮用者的爱好来决定。通常咖啡与水的比例是1∶3，也可按照客人的要求调整。冲泡速溶咖啡时，常用的比例是1∶5或1∶6。

3. 讲究水质

冲泡咖啡用水不用含碱性的硬水和含有大量铁质的水，蒸馏水比较理想。

4. 掌握适当水温

冲泡咖啡的水温应在90℃左右，如温度太高，会增加咖啡的苦味，水温太低又会影响咖啡香味的挥发。

5. 讲究器皿与设备

咖啡适宜用应使用陶瓷和玻璃器皿盛装，咖啡杯内缘以白色为佳，可以很好的辨别咖啡的色泽和浓度。

6. 控制好咖啡的生产量和温度

冲泡好的咖啡不宜放置太长时间，不要超过1小时，否则香气会大量消失。另外咖啡不要多次煮沸，会影响咖啡的质量。

三、实训内容

（一）物品准备

准备好咖啡机、磨豆机、咖啡杯、咖啡勺。

(二)课堂实训

1. 指导教师说明意式浓咖啡制作要领并作示范,具体步骤及要求如下:

意式浓咖啡的制作方法:用 7g 新鲜研磨的咖啡粉,使用 91℃左右水温的水在 9 巴的压力下,通过 25 秒左右的萃取得到一杯约 30ml 的咖啡饮料,这杯咖啡的表面应该覆盖有一层红棕色的泡沫(Crema,中文叫"克里玛")。见图 5-8。

具体要求:

(1)调校磨豆机;

(2)冲洗机头;

(3)滤器干净清洁;

(4)磨豆/倒豆过程中没有喷洒和浪费;

(5)倒豆和填压动作标准;

(6)清洁滤器把手(扣上机头前);

(7)立即冲煮。

要求色泽纯正,厚度均匀,味道、口感平衡。

2. 按照操作要领,学生轮流制作。

3. 指导教师强调卡普基诺制作要领并作示范。

图 5-8　意式浓咖啡

卡布基诺咖啡的制作材料:意大利咖啡 1 杯、鲜奶油适量、柠檬片、橙片、玉桂粉、糖包。

制作方法:意大利热咖啡 1 杯八分满,上面旋转加入一层鲜奶油,再放入切成细丁的柠檬皮,最后洒上玉桂粉,附糖包上桌。注意倒入冲泡好的意大利咖啡约五分满,打过奶泡的热牛奶倒至八分满。添加肉桂、柠檬片或橙片在其中。见图 5-9。

具体要求:

(1)调校磨豆机;

(2)冲洗机头;

(3)滤器干净清洁;

(4)磨豆/倒豆过程中没有喷洒和浪费;

(5)倒豆和填压动作标准;

(6)清洁滤器把手(扣上机头前);

(7)立即冲煮;

(8)清洁奶壶;

(9)空喷蒸气管;

(10)清空/清洁奶壶。

要求制成品美观,温度适中,味道平衡。

图 5-9　卡普基诺咖啡

4. 按照操作要领，学生轮流练习。

（三）课后练习

学生利用课余时间到操作间按照教师所示范的动作分组反复练习，达到考核标准。

四、考核标准

表 5-8　　意式浓缩咖啡制作实训考核表

项目	分数	要求和标准	细节配分	扣分	得分
准备	10	物品准备充分，摆放整齐，方便操作	5		
		预热咖啡杯	5		
咖啡制作	40	调校磨豆机，清洁机器	10		
		磨豆、倒豆过程中没有喷洒和浪费	10		
		倒豆和填压动作标准	10		
		冲煮咖啡	10		
咖啡质量	40	色泽（榛子色、深褐色、微红色）	10		
		厚度、持久度	10		
		味道平衡度（甜、酸、苦之间的和谐）	10		
		口感平衡（圆的，平滑的，流畅的）	10		

续表

整体要求	10	手法卫生,动作标准	5		
		仪态自然,有亲和力	5		
合计	100				
时间		操作时间为1分钟,每超10秒扣1分			
实际得分					

表5-9　　卡普基诺制作实训考核表

项目	分数	要求和标准	细节配分	扣分	得分
准备	10	物品准备充分,摆放整齐,方便操作	5		
		预热咖啡杯	5		
咖啡制作	50	调校磨豆机,清洁机器	5		
		磨豆、倒豆过程中没有喷洒和浪费	10		
		倒豆和填压动作标准	10		
		冲煮咖啡	10		
		清洁奶壶	5		
		空喷蒸汽管	5		
		奶壶的清空、清洁	5		
咖啡质量	30	视觉正确的卡普基诺(传统的或是拉花的)	10		
		奶泡厚度、持久度	5		
		温度(不冷不热)	5		
		味道平衡度(牛奶、浓缩咖啡的平衡)	10		
整体要求	10	手法卫生,动作标准	5		
		仪态自然,有亲和力	5		
合计	100				
时间		操作时间为1分钟,每超10秒扣1分			
实际得分					

附录一

第三届全国旅游院校服务技能(饭店服务)大赛高等院校组比赛规则和评分标准

项目一　客房服务员(中式铺床、开夜床)比赛规则和评分标准

一、比赛内容

标准中式铺床、开夜床。

二、比赛要求

1. 操作时间4分钟(其中中式铺床时间3分钟,提前完成不加分,每超过10秒扣2分,不足10秒按10秒计算,超过1分钟不予计分;开夜床时间1分钟,提前完成不加分,每超过5秒扣1分,不足5秒按5秒计算,超过30秒不予计分)。

2. 选手必须佩戴参赛证提前进入比赛场地,裁判员统一口令"开始准备"后进行准备,准备时间2分钟。准备就绪后,举手示意。

3. 选手在裁判员宣布"比赛开始"后开始操作。

4. 操作结束后,选手立于工作台侧,举手示意"比赛完毕"。

5. 比赛用床架不带床头板,不设床头柜,靠近裁判一头为床头。

6. 操作过程中,选手不能跑动、绕床头、跪床或手臂撑床,每违例一次扣2分。

7. 其他

(1)床单和被套叠法:正面朝里,沿长边对折两次,再沿宽边对折两次。

(2)选手不可在床头操作,其余位置不限。

(3)床架+床垫高度为45cm。

8. 中式铺床比赛评判工作结束后,选手整理床铺,做开夜床准备,准备时间

为 2 分钟。

三、比赛物品准备

(一)组委会统一提供

1. 床架(1 个)
2. 床垫(1 个,2m×1.2m)
3. 工作台(1 个)
4. 床单(1 个,2.8m×2m)
5. 被套(1 个,2.3m×1.8m,底部开口,系带方式)
6. 羽绒被(1 床,重量约 1.5 千克/床)
7. 枕芯(2 个,75cm×45cm)
8. 枕套(2 个,开口方式为信封口)

(二)参赛选手自备

开夜床创意物品(地巾、拖鞋必备)。

四、比赛评分标准

1. 中式铺床评分标准

项 目	要求细则	分值	扣分	得分
床单 (17 分)	一次抛单定位(两次扣 2 分,三次及以上不得分)	6		
	不偏离中线(偏 2cm 以内不扣分,2~3cm 扣 1 分,3cm 以上不得分)	3		
	床单正反面准确(毛边向下,抛反不得分)	1		
	床单表面平整光滑	2		
	包角紧密平整,式样统一	5		
被 套 (6 分)	一次抛开(两次扣 2 分,三次以上不得分)、平整	4		
	被套正反面准确(抛反不得分)	1		
	被套开口在床尾(方向错不得分)	1		

续表

羽绒被 (20分)	打开羽绒被压入被套内做有序套被操作	2		
	抓两角抖羽绒棉被并一次抛开定位(整理一次扣2分,以此类推),被子与床头平齐	4		
	被套中心不偏离床中心(偏2cm以内不扣分,2～3cm扣1分,3cm以上不得分)	3		
	羽绒被在被套内四角到位,饱满、平展	2		
	羽绒被在被套内两侧两头平	1		
	被套口平整且要收口,羽绒被不外露	1		
	被套表面平整光滑	2		
	羽绒被在床头翻折45cm(每相差2cm扣1分,不足2cm不扣分)	3		
	尾部自然下垂,尾部两角应标准统一	2		
枕头 (2个) (9分)	四角到位,饱满挺括	3		
	枕头边与床头平行	2		
	枕头中线与床中线对齐(每相差2cm扣1分,不足2cm不扣分)	2		
	枕套沿无折皱,表面平整,自然下垂	2		
综合印象 (8分)	总体效果:三线对齐,平整美观	4		
	操作过程中动作娴熟敏捷,姿态优美,能体现岗位气质	4		
合计		60		
操作时间: 分 秒 超时: 秒 扣分: 分				
选手跑床、跪床、撑床: 次 扣分: 分				
实际得分				

2. 开夜床评分标准

项 目	要求细则	分值	扣分	得分
被子折角 (1.5 分)	被子反折角为 45°等腰直角三角形	0.5		
	反折角于床上一侧的直角边与被子中线重合(偏 2cm 以内不扣分,2～3cm 扣 0.5 分,2cm 以上不得分)	0.5		
	折角平整,下垂自然	0.5		
地巾、拖鞋 (1.5 分)	地巾摆放于折角一侧,地巾靠床头边与被子反折 45cm 边(靠近枕头一侧)齐平,超过不得分	0.5		
	地巾靠床体边与被子下垂边沿垂直齐平,超过不得分	0.5		
	拖鞋摆放于地巾之上,便于使用	0.5		
创意 (7 分)	夜床服务用品新颖、卫生,突出个性化	2		
	摆放位置安全,使用方便	2		
	整体美观,具有艺术美感	2		
	操作过程中动作规范、娴熟、敏捷	1		
合 计		10		
操作时间: 分 秒	超时: 秒	得分:		
实 际 得 分				

项目二　餐厅服务(中餐宴会摆台)比赛规则和评分标准

一、比赛内容

中餐宴会摆台(10 人位):

二、比赛要求

1. 按中餐正式宴会摆台,鼓励选手利用自身条件,创新台面设计。

2. 操作时间 15 分钟(提前完成不加分,每超过 30 秒,扣总分 2 分,不足 30 秒按 30 秒计算,以此类推;超时 2 分钟不予继续比赛,未操作完毕,不计分)。

3. 选手必须佩戴参赛证提前进入比赛场地，裁判员统一口令“开始准备”进行准备，准备时间 3 分钟。准备就绪后，举手示意。

4. 选手在裁判员宣布“比赛开始”后开始操作。

5. 比赛开始时，选手站在主人位后侧。比赛中所有操作必须按顺时针方向进行。

6. 所有操作结束后，选手应回到工作台前，举手示意“比赛完毕”。

7. 除台布、桌裙或装饰布、花瓶（花篮或其他装饰物）和桌号牌可徒手操作外，其他物品均须使用托盘操作。

8. 餐巾准备无任何折痕；餐巾折花花型不限，但须突出主位花型，整体挺括、和谐，符合台面设计主题。

9. 餐巾折花和摆台先后顺序不限。

10. 比赛中允许使用装饰盘垫。

11. 组委会统一提供餐桌转盘，比赛时是否使用由参赛选手自定。如需使用转盘，须在抽签之后说明。

12. 比赛评分标准中的项目顺序并不是规定的操作顺序，选手可以自行选择完成各个比赛项目。

13. 物品落地每件扣 3 分，物品碰倒每件扣 2 分，物品遗漏每件扣 1 分。逆时针操作扣 1 分/次。

三、比赛物品准备

1. 组委会提供物品

餐台（高度为 75cm）、圆桌面（直径为 180cm）、餐椅（10 把）、工作台。

2. 选手自备物品

（1）防滑托盘（2 个，含装饰盘垫或防滑盘垫）

（2）规格台布

（3）桌裙或装饰布

（4）餐巾（10 块）

（5）花瓶、花篮或其他装饰物（1 个）

（6）餐碟、味碟、汤勺、口汤碗、长柄勺、筷子、筷架（各 10 套）

（7）水杯、葡萄酒杯、白酒杯（各 10 个）

（8）牙签（10 套）

（9）菜单（2 个或 10 个）

（10）桌号牌（1 个）

（11）公用餐具（筷子、筷架、汤勺各 2 套）

四、比赛评分标准

项 目	操作程序及标准	分值	扣分	得分
台布（3分）	可采用抖铺式、推拉式或撒网式铺设，要求一次完成，两次扣0.5分，三次及以上不得分	2		
	台布定位准确，十字居中，凸缝朝向主副主人位，下垂均等，台面平整	1		
桌裙或装饰布（2分）	桌裙长短合适，围折平整或装饰布平整，四角下垂均等（装饰布平铺在台布下面）	2		
餐椅定位（5分）	从主宾位开始拉椅定位，座位中心与餐碟中心对齐，餐椅之间距离均等，餐椅座面边缘距台布下垂部分1.5cm	5		
餐碟定位（8分）	一次性定位，碟间距离均等，餐碟标志对正，相对餐碟与餐桌中心点三点一线	6		
	距桌沿约1.5cm	1		
	拿碟手法正确（手拿餐碟边缘部分）、卫生	1		
味碟、汤碗、汤勺（5分）	味碟位于餐碟正上方，相距1cm	2		
	汤碗摆放在味碟左侧1cm处，与味碟在一条直线上，汤勺放置于汤碗中，勺把朝左，与餐碟平行	3		
筷架、筷子、长柄勺、牙签（8分）	筷架摆在餐碟右边，与味碟在一条直线上	2		
	筷子、长柄勺搁摆在筷架上，长柄勺距餐碟3cm，筷尾距餐桌沿1.5cm	4		
	筷套正面朝上	1		
	牙签位于长柄勺和筷子之间，牙签套正面朝上，底部与长柄勺齐平	1		

续表

葡萄酒杯、白酒杯、水杯(8分)	葡萄酒杯在味碟正上方 2cm	2		
	白酒杯摆在葡萄酒杯的右侧,水杯位于葡萄酒杯左侧,杯肚间隔 1cm,三杯呈斜直线,向右与水平线呈 30°角。如果折的是杯花,水杯待餐巾花折好后一起摆上桌	5		
	摆杯手法正确(手拿杯柄或中下部)、卫生	1		
餐巾折花(8分)	花型突出主位,符合主题,整体协调	3		
	折叠手法正确、卫生,一次性成形,花型逼真、美观大方	5		
公用餐具(4分)	公用餐具摆放在正副主人的正上方	2		
	按先筷后勺顺序将筷、勺搁在公用筷架上(设两套),公用筷架与正、副主人位水杯间距 1cm,筷子末端及勺柄向右	2		
菜单、花瓶(花篮或其他装饰物)和桌号牌(3分)	花瓶(花篮或其他装饰物)摆在台面正中,造型精美、符合主题要求	1		
	菜单摆放在筷子架右侧,位置一致(两个菜单则分别摆放在正、副主人的筷子架右侧)	1		
	桌号牌摆放在花瓶(花篮或其他装饰物)正前方、面对副主人位	1		
托盘(2分)	用左手胸前托法将托盘托起,托盘位置高于选手腰部	2		
综合印象(14分)	台面设计主题明确,布置符合主题要求	5		
	餐具颜色、规格协调统一,便于使用	2		
	整体美观,具有强烈艺术美感	4		
	操作过程中动作规范、娴熟、敏捷、声轻,姿态优美,能体现岗位气质	3		
合计		70		
操作时间: 分 秒 超时: 秒 扣分: 分				
物品落地、物品碰倒、物品遗漏: 件 扣分: 分				
实际得分				

项目三　餐厅服务(西餐宴会摆台)比赛规则和评分标准

一、比赛内容

西餐宴会摆台(6人位)。

二、比赛要求

1. 摆台台形按餐台长边每边两人、短边每边1人摆放;以宴会套餐程序摆台,鼓励选手进行适当台面设计与布置创新,摆设设计由各选手自定。

2. 操作时间15分钟(提前完成不加分,每超过30秒,扣总分1分,不足30秒按30秒计算,以此类推;超时2分钟不予继续比赛,未操作完毕,不计分)。

3. 选手必须佩戴参赛证提前进入比赛场地,裁判员统一口令"开始准备"进行准备,准备时间3分钟。准备就绪后,举手示意。

4. 选手在裁判员宣布"比赛开始"后开始操作。

5. 比赛开始时,选手站在主人位后侧。比赛中所有操作必须按顺时针方向进行。

6. 所有操作结束后,选手应回到工作台前,举手示意"比赛完毕"。

7. 餐巾准备无任何折痕;餐巾盘花花型不限,但须突出主位花型,整体符合台面设计主题。

8. 除装饰盘、花瓶(花坛或其他装饰物)和3头以上烛台可徒手操作外,其余物件,均须使用托盘操作。

9. 比赛中允许使用装饰盘垫或防滑盘垫。

10. 比赛评分标准中的项目顺序并不是规定的操作顺序,选手可以自行选择完成各个比赛项目。

11. 物品落地每件扣3分,物品碰倒每个扣2分;物品遗漏每件扣1分。逆时针操作扣1分/次。

三、比赛物品准备

1. 组委会提供物品

西餐长台(长240cm、宽120cm,高度为75cm)、西餐椅(6把)、工作台、比赛用酒水。

2. 选手自备物品

(1)防滑托盘(2个,含装饰盘垫或防滑盘垫)

(2)台布(2 块):200cm×165cm

(3)餐巾(6 块,可加带装饰物):56cm×56cm

(4)装饰盘(6 只):7.2～10 寸

(5)面包盘(6 只):4.5～6 寸

(6)黄油碟(6 只):1.8～3.5 寸

(7)主菜刀(肉排刀)、鱼刀、开胃品刀、汤勺、甜品勺、黄油刀(各 6 把)

(8)主菜叉(肉叉)、鱼叉、开胃品叉、甜品叉(各 6 把)

(9)水杯、红葡萄酒杯、白葡萄酒杯(各 6 个)

(10)花瓶、花坛或其他装饰物(1 个)

(11)烛台(2 个)

(12)盐瓶、胡椒瓶(各 2 个)

(13)牙签盅(2 个)

四、比赛评分标准

项 目	项目评分细则	分值	扣分	得分
台布(4.5 分)	台布中凸线向上,两块台布中凸线对齐	1		
	两块台布面重叠 5cm	1		
	主人位方向台布交叠在副主人位方向台布上	0.5		
	台布四边下垂均等	1		
	铺设操作最多 4 次整理成形	1		
席椅定位(3 分)	摆设操作从席椅正后方进行	0.6(每把 0.1)		
	从主人位开始按顺时针方向摆设	0.6(每把 0.1)		
	席椅之间距离基本相等	0.6(每把 0.1)		
	相对席椅的椅背中心对准	0.6(每把 0.1)		
	席椅边沿与下垂台布相距 1cm	0.6(每把 0.1)		
装饰盘(4.6 分)	从主人位开始顺时针方向摆设	0.4		
	盘边距离桌边 1cm	1.2(每个 0.2)		
	装饰盘中心与餐位中心对准	1.2(每个 0.2)		
	盘与盘之间距离均等	1.2(每个 0.2)		
	手持盘沿右侧操作	0.6(每个 0.1)		

续表

刀、叉、勺(10.8分)	刀勺叉由内向外摆放,距桌边距离符合标准(标准见最后"备注")	5.4(每件0.1)		
	刀勺叉之间及与其他餐具间距离符合标准(标准见最后"备注")	5.4(每件0.1)		
面包盘、黄油刀、黄油碟(4.8分)	摆放顺序:面包盘、黄油刀、黄油盘	1.8(每件0.1)		
	面包盘盘边距开胃品叉1cm	0.6(每件0.1)		
	面包盘中心与装饰盘中心对齐	0.6(每件0.1)		
	黄油刀置于面包盘右侧边沿1/3处	0.6(每件0.1)		
	黄油碟摆放在黄油刀尖正上方,相距3cm	0.6(每件0.1)		
	黄油碟左侧边沿与面包盘中心呈直线	0.6(每件0.1)		
杯具(10.8分)	摆放顺序:白葡萄酒杯、红葡萄酒杯、水杯(白葡萄酒杯摆在开胃品刀的正上方,杯底中心在开胃品刀的中心线上,杯底距开胃品刀尖2cm)	1.8(每个0.1)		
	三杯成斜直线,向右与水平线呈45°角	6(每组1分)		
	各杯身之间相距约1cm	1.2(每个0.1)		
	操作时手持杯中下部或颈部	1.8(每个0.1)		
花瓶(花坛或其他装饰物)(1分)	花瓶(花坛或其他装饰物)置于餐桌中央和台布中线上	0.5		
	花瓶(花坛或其他装饰物)的高度不超过30cm	0.5		
烛台(2分)	烛台与花瓶(花坛或其他装饰物)相距20cm	1(每座0.5)		
	烛台底坐中心压台布中凸线	0.5(每座0.25)		
	两个烛台方向一致,并与杯具所呈直线平行	0.5(每座0.25)		

续表

牙签盅 (1.5分)	牙签盅与烛台相距10cm	1(每个0.5)		
	牙签盅中心压在台布中凸线上	0.5(每个0.25)		
椒盐瓶 (3分)	椒盐瓶与牙签盅相距2cm	1(每组0.5)		
	椒盐瓶间距1cm,左椒右盐	1(每组0.5)		
	椒盐瓶间距中心对准台布中凸线	1(每组0.5)		
餐巾盘花 (3分)	在装饰盘上褶,在盘中摆放一致,左右呈一条线	2		
	造型美观、大小一致,突出正、副主人	1		
倒水及斟酒 (7分)	为三位客人斟倒酒水(其中餐台长边2人,短边1人)			
	口布包瓶,酒标朝向客人,在客人右侧服务	1		
	倒水及斟酒的顺序为:水、白葡萄酒、红葡萄酒	1.5		
	斟倒酒水的量:水4/5杯,白葡萄酒2/3杯,红葡萄酒1/2杯	4.5		
	斟倒酒水时每滴一滴扣1分,每溢一摊扣3分			
托盘使用 (2分)	餐件和餐具分类按序摆放,符合科学操作	1		
	杯具在托盘中杯口朝上	1		
综合印象 (12分)	台席中心美化新颖、主题灵活	4		
	布件颜色协调、美观	2		
	整体设计高雅、华贵	3		
	操作过程中动作规范、娴熟、敏捷、声轻,姿态优美,能体现岗位气质	3		
合 计		70		
操作时间: 分 秒 超时: 秒		扣分: 分		
物品落地、物品碰倒、物品遗漏 件		扣分: 分		
实 际 得 分				

备注:①装饰盘;②主菜刀(肉排刀);③鱼刀;④汤勺;⑤开胃品刀;⑥主菜叉(肉叉);⑦鱼叉;⑧开胃品叉;⑨黄油刀;⑩面包盘;⑪黄油碟;⑫甜品叉;⑬甜品勺;⑭白葡萄酒杯;⑮红葡萄酒杯;⑯水杯。

各餐具之间的距离标准:(1)①②④⑤⑥⑧与桌边沿距离为1cm;(2)①与②、①与⑥、⑧与⑩、①与⑫之间的距离为1cm;(3)⑨与⑪之间的距离为3cm;(4)③⑦与桌边的距离为5cm;(5)⑥⑦⑧之间、②③④⑤之间、⑫与⑬之间的距离为0.5cm;(6)⑭、⑮、⑯杯肚之间的距离为1cm。

项目四　鸡尾酒调制比赛规则和评分标准

一、比赛内容

1. 规定鸡尾酒的调制。
2. 自创鸡尾酒的调制。
3. 调酒方式为英式调酒。

二、比赛要求

1. 选手必须佩戴参赛证提前进入比赛场地，裁判员统一口令“开始准备”进行准备，准备时间 2 分钟。准备就绪后，举手示意。

2. 选手在裁判员宣布“比赛开始”后开始操作。

3. 所有操作结束后，选手应回到操作台前，举手示意“比赛完毕”。

4. 物品落地每件扣 6 分，物品碰倒每件扣 4 分；倒酒时每洒一次扣 3 分。

5. 规定鸡尾酒的调制要求选手按该鸡尾酒的标准配方，在规定的时间内进行调制。

规定鸡尾酒的调制内容：

名称：五色彩虹酒

材料：红石榴糖浆、绿色薄荷酒、黑色樱桃白兰地、无色君度利口酒、棕色白兰地。

制法：必须使用吧匙调制，在利口酒杯内依次将上述原料缓慢注入即可。

要求：酒杯总容量约为 30ml。酒液量占酒杯八～九成满，间隔距离均等。

时间规定：5 分钟(包括操作时间、相关酒水及器具等的复位时间。提前完成不加分，每超过 30 秒扣 5 分，不足 30 秒为 30 秒计算，超时 1 分钟不予计分)。

6. 自创鸡尾酒的调制选手可根据不同主题及创意，采用不同调酒方法进行鸡尾酒的调制。并对该鸡尾酒的主题创意加以说明。

时间规定：5 分钟(包括操作时间、相关酒水及器具等的复位时间、口头说明时间。提前完成不加分，每超过 30 秒扣 5 分，不足 30 秒按 30 秒计算，超时 1 分钟不予计分)。

三、比赛物品准备

1. 操作台、规定鸡尾酒调制用的酒水由组委会提供。规定鸡尾酒调制用的用具，自创鸡尾酒调制用的酒水、用具、各类载杯及装饰物等其他物品均由选手自行准备(注:装饰物只能为原材料或半成品)。

2. 选手对自创鸡尾酒的主题创意须进行口头说明并准备书面说明稿(包括选手姓名、主题名称、主题内涵、配方、调制方法、装饰物品等),说明稿应提前打印好10份,比赛前统一上交组委会。

四、比赛评分标准

项目	要求和评分标准	分值	扣分	得分
标准鸡尾酒的调制(30分)	严格按照规定配方调制鸡尾酒	3		
	下料程序正确(依次为:红石榴糖浆、绿色薄荷酒、黑色樱桃白兰地、无色君度利口酒、棕色白兰地)	5		
	调酒器具保持干净、整齐	5		
	酒水使用完毕,旋紧瓶盖,复归原位	3		
	调制后的鸡尾酒层次分明、瑰丽可人,占酒杯八九成满	8		
	调酒操作姿态优美,手法干净、卫生	6		
自创鸡尾酒的调制(40分)	主题创意新颖、独特,具有一定的时代感	10		
	调酒材料选配新颖、独特,与主题创意相符	4		
	调酒器具保持干净、整齐	3		
	酒水使用完毕,旋紧瓶盖,复归原位	2		
	调制后的鸡尾酒具有一定的观赏性,整体风格与主题创意相符	8		
	酒品颜色协调、口感舒适、味道纯正	6		
	主题创意说明口头表述准确,语言清晰、流畅	3		
	调酒操作姿态优美,手法干净、卫生	4		
合计		70		
操作时间:　　分　　秒　　超时:			扣分:　　分	
物品落地、物品碰倒、倒酒洒酒:　件/次			扣分:　　分	
实际得分				

项目五 饭店服务情景剧评分标准(团体项目)

一、比赛要求

1. 参赛者必须为参加以上四项技能比赛的选手。
2. 参赛选手不得少于3名。
3. 表演时间为5～7分钟,不足5分钟扣2分,超过7分钟不予继续比赛。
4. 选手准备好情景剧脚本,提前打印好6份,比赛前统一上交组委会。

二、评分标准

项目	要求及评分标准	分值	扣分	得分
脚本(10分)	主题鲜明、内容真实、富有真情实感	2		
	对饭店服务中特殊情况的处理,体现出主动性、灵活性,符合饭店处理问题的规范	3		
	内容健康、积极向上,有一定感召力和教育意义	2		
	编排合理、完整、富有创意	3		
表演(10分)	普通话标准,口齿清晰,语言生动、形象,语气、语调、声音、节奏富于变化,准确、恰当表情达意,富有感染力	2		
	动作表情自然、大方,能准确、直观表达主题内容和思想感情	2		
	人物形象塑造到位,富有表现力	2		
	妆容、服装造型符合表演形式和内涵	2		
	表演形式新颖有创意	2		
合计		20		

表演时间:　　分　　秒　　　　扣分:　　分

三、评分说明

17～20 分：内容真实、健康、积极向上。整体编排具有合理性、连贯性、完整性，富有创意，符合饭店处理问题的规范。表演形式新颖有创意。在整体效果上体现出饭店真实工作场景，表演自然，现场反映良好，营造出良好的舞台效果。妆容、服装造型符合表演形式和内涵，道具运用得当。

13～16 分：内容真实健康、积极向上。整体编排具有一定合理性、连贯性、完整性。表演形式比较新颖。在整体效果上表演有一定的现场气氛。表演比较自然，现场反映良好，有较好的舞台效果。妆容、服装造型比较符合表演形式和内涵，道具运用得当。

9～12 分：内容健康。整体编排在合理性、连贯性、完整性上有所欠缺。表演形式不够新颖。整体效果、表演及舞台效果一般。妆容、服装造型基本符合表演形式和内涵，道具运用基本得当。

8 分以下：选手在内容编排和表演上离比赛要求有较大偏差，未能展示出饭店服务人员应有的风采。

项目六 “仪容仪表”评分标准（所有选手）

项 目	细节要求	分值	扣分	得分
头发（1.5 分）	男士			
	后不盖领	0.5		
	侧不盖耳	0.5		
	干净、整齐，着色自然，发型美观大方	0.5		
	女士			
	后不过肩	0.5		
	前不盖眼	0.5		
	干净、整齐，着色自然，发型美观大方	0.5		
面部（0.5 分）	男士：不留胡及长鬓角	0.5		
	女士：淡妆	0.5		

续表

手及指甲（1.5 分）	干净	0.5		
	指甲修剪整齐	0.5		
	不涂有色指甲油	0.5		
服装（1.5 分）	符合岗位要求，整齐干净	0.5		
	无破损、无丢扣	0.5		
	熨烫挺刮	0.5		
鞋（1.0 分）	符合岗位要求的黑颜色皮鞋（中式铺床选手可为布鞋）	0.5		
	干净，擦试光亮、无破损	0.5		
袜子（1.0 分）	男深色、女浅色	0.5		
	干净、无褶皱、无破损	0.5		
首饰及徽章（1.0 分）	不佩戴过于醒目的饰物	0.5		
	选手号牌佩戴规范	0.5		
总体印象（2.0 分）	举止：大方、自然、优雅	1.0		
	礼貌：注重礼节礼貌，面带微笑	1.0		
合 计		10		

项目七　外语水平评分标准（所有选手）

一、比赛形式

英语比赛采用考官与选手问答的形式。每位选手考试时间约为 5 分钟，每位选手须回答五道题，其中中译英、英译中各两道，情景对话一道。

二、评分标准

准确性：选手语音语调及所使用语法和词汇的准确性。
熟练性：选手掌握岗位英语的熟练程度。
灵活性：选手应对不同情景和话题的能力。

三、评分说明

21～25 分：语法正确，词汇丰富，语音语调标准，熟练、流利地掌握岗位英语，对不同语境有较强反应能力，有较强的英语交流能力。

16～20 分：语法与词汇基本正确，语音语调尚可，允许有个别母语口音，较熟悉岗位英语，对不同语境有一定的适应能力，有一定的英语交流能力。

11～15 分：语法与词汇有一定错误，发音有缺陷，但不严重影响交际。对岗位英语有一定了解，对不同语境的应变能力较差。

10 分以下：语法与词汇有较多错误，停顿较多，严重影响交际。岗位英语掌握不佳，不能适应语境的变化。

附录二

第三届全国旅游院校服务技能(饭店服务)大赛英语口语参考题(高校组)

一、中式铺床

题型一　中译英

1. 您希望我们什么时候为您打扫房间呢?(What time would you like us to clean your room?)
2. 枕套脏了,请换一下好吗?(The pillowcases are dirty. Could you change them for me?)
3. 如果您着急,我们有 2 小时的加急洗衣服务。(If you are in a hurry, we have a two-hour express laundry service.)
4. 我们可以在 4 小时内送回您的洗衣,加收 50%的额外费用。(We can deliver your laundry within 4 hours at a 50% extra charge. /We can deliver your laundry within 4 hours, but we charge 50% more.)
5. 我们提供不同种类的服务,如水洗、干洗、熨烫和缝补。(We have different services such as washing, dry-cleaning, ironing and mending.)
6. 我想把我的笔记本电脑存放在酒店的保险柜里。(I would like to store my laptop in one of your safe-deposit boxes.)
7. 能派人来修理一下窗户吗?(Could you get a repairman to fix the window?)
8. 2135 房间的浴缸坏了,请派人来修理一下好吗?(The bath tub in Room 2135 is out of order/service. Could you please send someone to repair/fix it?)
9. 水龙头一晚上都在滴水。(The water tap was dripping all night long.)
10. 我想要一个转换插头。(I would like to have an adaptor/I need an adaptor.)

11. 这是1105房间，请送一个电熨斗。(This is Room 1105. Can you send me an iron, please?)
12. 我房间的电视图像不清楚。(The TV set in my room doesn't give clear pictures.)
13. 请接受我代表酒店向您道歉。(Please accept my apology on behalf of the hotel.)
14. 在房间上网是免费的。(We have free internet service. / You can use internet in the room for free.)
15. 这个房间是海景房。(The room enjoys the ocean/sea view.)
16. 这是您房间的钥匙。我们的行李员会带您去房间。(This is your room key. Our bellboy will show you to your room.)
17. 酒店为客人提供免费的擦鞋服务。(The hotel provides free shoe shining service for its guests.
18. 这项服务怎么收费？(What's the rate of this service?)
19. 托儿服务每小时收费20元，最低从4小时开始计费。(The babysitting service charges 20 *yuan* per hour with a minimum of 4 hours.)
20. 这里有三种治疗胃痛的药，需要我给您读一下说明吗？(Here are three kinds of medicines for stomachache. Would you like me to read the instructions to you?)

题型二　英译中

1. When would you like me to clean your room? (您需要我们什么时候打扫房间？)
2. Good evening. May I do the turn-down service for you now? (现在可以为您开夜床吗？)
3. May I vacuum the blanket for you now? (我可以为地毯吸尘吗？)
4. When would you like me to turn on the lights (for you)? (什么时候能为您把灯打开？)
5. I just had a bath and it is a mess in the bathroom. Could you clean the bathroom a little? (我刚洗过澡，浴室里乱糟糟的，你能稍微收拾一下浴室吗？)
6. May I remove the things on your desk so that I can dust it? (我可以移动您桌子上的物品以便清扫书桌吗？)
7. Can I have some more juice for the mini-bar? (可以在迷你吧里多放点果汁吗？)

8. Do you prefer your laundry by express service or returned on the same day?(您是要快洗服务还是当日取?)
9. The indemnity shall not exceed ten times of the laundry charge.(赔偿金额最高不超过洗衣费的10倍。)
10. It takes time to repair the air-conditioner in your room. I'm afraid you have to change to another room.(修理您房间的空调需要一些时间,恐怕您得换个房间了。)
11. I'll have a maintenance man come in and look into it.(我叫一名维修工人来看一下。)
12. I am sorry to disturb you. I'm here to fix the shower.(对不起,打扰了。我来修淋浴器。)
13. Please deposit your money, jewels and other valuables in the hotel safe.(请将您的现金、珠宝和其他贵重物品寄存在酒店的保险箱内。)
14. Please keep your room key with you all the time in case you need it when you sign your bills.(请将房间钥匙随时带在身边,以防签单时要用)
15. Sorry to have caused you so much trouble.(很抱歉给您带来这么多麻烦。)
16. I assure you it will never happen again.(我向您保证,这类事情以后不会再发生了。)
17. If you have any problems or requests, please don't hesitate to let us know.(如果您有问题,请随时找我们。)
18. Wish you a pleasant stay with us!(希望您在我们饭店的这段时间生活愉快!)
19. This is Lost and Found. We've found your cell phone.(这里是失物招领处,我们找到了您的手机。)
20. My husband and I want to go out this evening. Can you look after the baby for us?(我和我丈夫今晚要出去,你能帮我照看一下我们的孩子吗?)

题型三 情景对话

1. If the guest wants to make an international call, how would you tell him?

Dial 9(or other number) first and then your country code, city code and the number you want. And the call will be charged.

2. If the guest comes to you and says he/she can not open the door, what would you do?

   I would check the guest's ID, and confirm it with the front office. If he is the right guest of the room, I will change his key for a new one, or open the door for him. If there is something wrong with the door, I will ask the maintenance to fix it.

3. If the guest asks for an extra bed in his/her room. What would you say?

   Certainly, sir/madam. But I'll have to get permission of the Front Office. / But I'll have to contact the Front Office first.

4. When you are going to clean the room for the guest, and the guest tells you it is not convenient for him now, what would you do?

   I'll ask the guest when it will be convenient and note it down in the logbook.

5. If the guest complains that his laundry has been delayed. What would you say to him?

   I would check it right away. /"We'll check if your laundry has come back." / "We made a mistake while delivering your shirt. We're very sorry for the inconvenience." /"We do apologize for causing you so much inconvenience."

6. If the guest calls the housekeeping service center, and says it is very cold in his/her room, how would you do?

   I'll tell the guest there is a blanket or quilt in the closet, I'll send him/her an extra blanket or quilt, or I will inform the maintenance department to see if there is anything wrong with the air conditioner.

7. When a guest calls to borrow a transformer for her iron but you don't have one. What would you say?

   I'm sorry, we don't have transformers. But if you want to iron your clothes, you can call for the laundry service. I am sure they will do it for you.

8. If the guest calls the service center and says the bulb in his room is broken, what would you do?

   I'll apologize to the guest and tell him/her the electrician will be there soon.

9. How would you introduce your guestroom to the guest?
I would tell the guest about the equipment, the views, the service guide, and security of the guestroom.
10. If the guest comes to tell you that his room is smoky and he wants to change it, but you do not have another room available, how do you solve the problem?
I would first apologize for it and explain the situation to him and help him get rid of the smell by opening the window and cleaning the air.

二、中餐宴会摆台

题型一 中译英

1. 下午好，这里是花园餐厅。请问有什么可以为您效劳？（Good afternoon. This is Garden Restaurant. What can I do for you, please?）
2. 我们恭候您的光临。（We look forward to seeing you.）
3. 请跟我来好吗？（Would you please come with me? /Please follow me.）
4. 那里有一张四人用餐的桌子。您喜欢吗？（There's a table for four over there. Would you like it?）
5. 我们给您留了张非吸烟区的桌子。（We have a table in the non-smoking area reserved for you.）
6. 对不起，靠近窗户的座位全都有人了。（I'm sorry. The tables by the window are all occupied.）
7. 餐厅现在已经客满。您可以稍等约 20 分钟好吗？（The restaurant is full now. Could you please wait for about 20 minutes?）
8. 您的餐桌已经布置好了，这边请。（Your table is ready, this way, please.）
9. 先生，这是您的菜单。请慢慢挑选。服务员一会儿过来为您点餐。（Here is the menu, sir. Please take your time. The waiter/waitress will be here to take your order soon.）
10. 希望您用餐愉快。（Please enjoy your meal.）
11. 先生，可以点菜了吗？（Excuse me, sir. May I take your order now?）
12. 能不能简单给我们介绍一下中国菜？（Could you give us a brief description of the Chinese food?）
13. 您点的菜很快就好了。（Your meal will be ready soon.）

14. 汤已经准备好了，请慢用。(The soup is ready, please enjoy it.)
15. 请问您打算用什么方式结账？(How would you like to pay for the meal/make the payment/settle the bill?)
16. 让您久等了，先生。这是您的账单，您要核对一下吗？(Thank you for waiting, sir. Here is your bill. Would you like to check it?)
17. 很抱歉，请稍等。我会尽快给您上菜。(I'm really sorry. Please wait a moment. I'll fetch it for you as soon as possible.)
18. 您需要把菜分一下吗？(Excuse me, sir/madam. May I separate the dish for you?)
19. 全部的菜已经上齐了，接下来还有点心。(This is the complete course. There is dessert to follow.)
20. 我们给你带来了这么多麻烦，为了表达歉意，特为您提供免费甜点。(To express our regret for all the trouble, we offer you a complimentary dessert.)

题型二　英译中

1. Which would you like better, a table in the hall or a private room?(您希望订大厅的位置还是订单独的包房？)
2. I am very sorry, sir. All the tables are reserved until 7 p.m. Would 7 o'clock be all right?(非常抱歉，先生。7 点之前的餐桌全部预订出去了。7 点钟有空桌，可以吗？)
3. We will have you seated as soon as we get a table available.(一有空桌，我们就安排你们坐下。)
4. We will show you to the non-smoking area.(我们给您换到非吸烟区。)
5. Would you like a table by the window?(您喜欢坐靠窗的位置吗？)
6. What kind of cuisine do you serve in your restaurant?(你们都有些什么风味的菜？)
7. It looks good, smells good and tastes good.(这道菜色、香、味俱全。)
8. The minimum charge for a private room is 200 *yuan* per person.(包间的最低人均消费是 200 元。)
9. Would you like to have table d'hote, or a la carte?(您是选套餐，还是零点呢？
10. Please take care of your valuables.(请看管好您的贵重物品。)
11. Excuse me, sir. Would you mind sharing the table with other guests?(打扰一下，先生，请问您是否介意和其他客人同桌呢？)

12. Would you please add one more chair to our table?（请给我们加把椅子好吗?）
13. Let's go Dutch this time.（我们这次各付各的账吧。）
14. Could you make out two separated bills for me?（可以给我分开两张账单吗?）
15. You have got a 10% discount for your Visa Card.（您使用维萨信用卡结账可以享受9折优惠。）
16. May I have a print of your credit card?（能不能刷一下您的信用卡?）
17. Here is your card and invoice.（这是您的信用卡和发票。）
18. Can you tell me/describe what happened in details?（您能告诉我事情的详细经过吗?）
19. Sorry to having kept you waiting. I'll see to it right away.（让您久等，抱歉。我马上去处理。）
20. Here are some complimentary vouchers for you. You can pay with them next time when you have dinner in our restaurant.（我们有一些赠券送给您，下次您在我们餐厅用餐时可以使用。）

题型三　情景对话

1. If the guest wants to have something that your restaurant doesn't have, what would you say to him?

   Sorry sir. This is not available in our restaurant. But may I suggest some . . . ?
2. When a guest calls to reserve a private room for dinner, what information do you have to get?

   I have to know the date and time for the reservation, the number of people, and any other special requirements.
3. If a guest calls to reserve a table at 7 p. m. , but there isn't any available, what would you say?

   I'm sorry, our restaurant is fully booked at the moment. Would you mind changing your time? Tables will be available at 7:30. And we offer free drinks after 8:00 p. m.
4. What would you say to the guest if you want to confirm his/her reservation?

   May I confirm your reservation, sir/madam? And then repeat the time, the number of people, requirements on the tables and dishes.

5. If the guest complains that the dish is not fresh, how would you do?
I would apologize to the guest, find out the reason, and change the dish or give him a discount according to the situation.
6. If a guest who sits near the air-conditioner feels cold in your restaurant and asks you to turn down the air-conditioner, what will you do?
I'll bring him/her a blanket to keep warm. Or ask him/her if he/she could change to another seat far away from the air-conditioner.
7. If the guest wants to order some wine, but it seems that he /she is under 18 years old, what will you do then?
According to the law, only adults are allowed to drink spirits or dine in the bar, if I am not sure about his/her age, I'll ask in this way, "My I see your identification?" If he/she is under 18 (years of age), I'll advice him/her to order some soft drinks or juice instead.
8. If the guest complains that there is a mistake in his bill. What will you say then?
I'll check it with the department concerned. I would say, "Would you mind waiting for a minute? /Sorry, I'll ask the cashier to check it up again.
9. When handling the reservation of a banquet, what information should you get from the guests?
I should make sure of the name of the company or organization, the expected number of people or tables needed, the time, menu and budget for the banquet, the way how to arrange the table or seats and how to decorate the banquet hall, the guest's special requests and the way of payment. Finally, I should ask the guest to hand in some deposit to secure the reservation in advance.
10. When the guest finishes his dinner, and you want to know his suggestion, what would you say?
I would ask the guest whether he has enjoyed the dinner or whether there is anything the hotel can do to improve.

三、西餐宴会摆台

题型一　中译英

1. 先生,这是甜品餐牌,服务员一会儿过来为您点餐。(Here is the dessert

menu，sir. The waiter will be here to take your order.）

2. 您要不要试试我们的自助餐呢？（Would you like to try our buffet dinner?）
3. 主菜吃什么？（What would you like for your main course?）
4. 主菜配什么吃？（What would you like to go with your main course?）
5. 今天的特色菜是烤羊腿。（Today's special is the roast leg of lamb.）
6. 您点的鸡蛋是不是只煎一面，蛋黄朝上？（Would you like your fried eggs sunny-side up?）
7. 您的牛排配什么汁呢？（Which sauce would you like for your steak?）
8. 这道菜是供四人用的。（This dish is for four people.）
9. 您想尝尝我们的招牌菜吗？（Would you like to try our house specials?）
10. 您会喜欢的。味道很好。（I'm sure you'll like it. It is delicious.）
11. 您喜欢哪种口味，甜的还是辣的？（Which flavor would you prefer，sweet or chili?）
12. 对不起，蔬菜色拉已经卖完了。（I'm afraid the vegetable salad is sold out.）
13. 您试一下其他的菜好吗？（Would you like to try something else?）
14. 对不起先生，您换点别的可以吗？（I'm sorry，sir. Do you mind trying something else?）
15. 现在可以上菜了吗？（May I serve it to you now?）
16. 先生，您的牛排、色拉和红酒。请慢用。（Your steak，salad and wine，sir. Please enjoy them.）
17. 您要来点甜品吗？（Would you like some dessert?）
18. 您喜欢喝什么咖啡？（What brand of coffee would you like?）
19. 先生，是否计入房账？（Would you like to charge this to your room，sir?）
20. 您要分开结账还是一起结账？（Would you like to have bills separated or a single bill?）

题型二　英译中

1. I'd like to change my reservation from 6:30 p. m. to 7:30 p. m.（我想把预订从晚上 6 点半改到 7 点半。）
2. Here is the menu and the wine list. Would you like to order an aperitif?（这是菜单和酒水单。您要先来点开胃酒吗？）
3. Have you decided on anything，Madam?（太太，您决定点什么菜

了吗?)

4. Do you fancy a starter?(你们喜欢来点餐前小吃吗?)
5. How would you like your fish cooked?(您希望您的鱼怎么烧?)
6. What would you like to go with your steak?(您的牛排配什么菜呢?)
7. You have ordered two main dishes. Would you like it served together or separately?(您点了两道主菜,请问是需要一起上,还是分开上呢?)
8. I'm sorry. Our sirloin steak is sold out. Would you like to try our beef tenderloin? It is also very good.(对不起,我们的西冷扒卖完了。尝尝我们的牛柳,好吗?那也一样美味。)
9. You can try our new Thai style food.(您可以尝试一下我们新推出的泰国菜。)
10. We have buffet. You can have all you want for 40 dollars.(我们有自助餐供应,付40美元就可以得到您想要的东西。)
11. We have clear soup and cream soup at your choice.(我们有清汤和奶油汤供您选择。)
12. Please bring me two slices of bread and butter with the soup.(上汤的时候请给我两片面包和黄油。)
13. Would you like a bottle of white wine to go with your lobster?(您要不要来一瓶白葡萄酒来配龙虾呢?)
14. Do you have vegetarian dishes?(你们有素菜吗?)
15. The dish is very hot. Please be careful.(这道菜很烫,请小心。)
16. Could you give me some more napkins, some sweet-and-sour sauce and pepper?(请多给我几张纸巾和一些甜酸酱及胡椒。)
17. By the way, what is this under the chopsticks?(顺便问一下,筷子底下的东西是什么?)
18. Would you like to see our cake selections?(您要看看我们蛋糕的种类吗?)
19. I'd like a cup of black coffee.(我要一杯清咖啡。)
20. I can offer you some oyster soup as compliments of the chef.(我可以向您免费提供一些牡蛎汤,算是厨师的一点心意。)

题型三 情景对话

1. When the guest orders the beefsteak, what do you have to pay attention to?

I will pay attention to how the guest likes it done: well done or rare and what kind of sauce or dishes the guest wants to go with the steak.

2. If you find that the guest leaves the restaurant without paying his bill, what would you do?
I would go and politely tell him that he has forgotten to pay his bill.
3. If the guest takes out his cigarette and starts smoking in a non-smoking area in the restaurant, what would you do?
I would go to him and politely tell him that this is a non-smoking area and ask him to stop smoking or to smoke in the smoking area.
4. While you are on duty, what would you say if the guest invites you for a drink?
I would tell him that I am working. So I'm not supposed to accept the guest's invitation. But I would thank him all the same.

5. If a guest is in a hurry to work in the morning, what kind of breakfast would you recommend to him/her?
I'll advice him/her to have continental breakfast, as it is simple and quick.
6. If you want to clear the plates for the guest at dinner, what would you say?
May I remove the plates? /May I take your plates? /May I clear the table for you?
7. If the guest complains about waiting for a long time, what would you say?
Sorry to have kept you waiting. I'll check it right away. /I'm sorry, sir. We are short of help today. Would you like to have a drink first?
8. If you learn that the guest would leave the hotel very early next morning. What suggestion would you give him?
I would suggest having his bills paid in the night in case there is a hurry the next morning.
9. If a guest is having his last dish, but he finds it is different from what he has ordered, what would you say?
"I'm sorry to hear that. This is quite unusual. I will look into the matter at once. Would you like to have a new one or change to another dish?"
10. If a guest complains the steak is underdone, what would you say?

"I'm sorry. I'll change it for you immediately. There will be no charge for it. /I'll return it to the chef and cook it again."

四、调酒

题型一　中译英

1. 酒吧现在客满,请稍等约20分钟好吗?(The bar is full now. Do you care to wait for about 20 minutes?)
2. 这是酒水单,请慢慢看。(Here is the drink list, sir. Please take your time.)
3. 等一会儿我会回来为你点单。(I'll return/be back to take your order in a while.)
4. 您要喝点什么,史密斯先生?和往常一样吗?(What would you like to drink? Your usual, Mr. Smith?)
5. 进餐前要不要来点开胃酒?(Would you care for an aperitif before your meal?)
6. 您先喝什么茶?红茶还是绿茶?(What kind of tea would you prefer to begin/start with? Green tea or black tea?)
7. 您喜欢什么,先生?(What is your pleasure, sir? /What would you like, sir?)
8. 我们有一瓶保存了20年的葡萄酒。(We have a bottle of wine preserved for twenty years.)
9. 我们供应很多种饮料,请自便。(We serve many kinds of drinks. Please help yourself.)
10. "绿岛"(鸡尾酒名)的口感相当好。("Green Island" tastes very good/excellent.)
11. 如果您不喜欢这个,试试白兰地怎么样?(If you don't like this, how about Brandy?)
12. 如果您喜欢烈性酒,我们有伏特加。(We have Vodka if you prefer strong liquor.)
13. 这酒不够冰。(This wine is not chilled enough.)
14. 请问您要再来一杯吗?(Would you like one more?)
15. 我们有上好的饮品。(We have got good drinks.)
16. 先生,现在可以上威士忌了吗?(May I serve the Whisky now, sir?)
17. 您不介意把餐桌一边的窗户打开吧?(Would you mind opening the

window by the table?)

18. 如果您不介意，我们可以为您看管行李。(If you don't mind, we can take care of your baggage).
19. 从您入住我们的酒店后，就可以签单。(You may sign the bill any time when you stay in our hotel.)
20. 非常抱歉，还有什么可以为您效劳吗？(I do apologize. Is there anything I can do for you?)

题型二　英译中

1. "Summer Sunshine"（鸡尾酒名）would be nice.（来一杯"夏日阳光"。）
2. "Setting Sun At Dusk"（鸡尾酒名）sounds very interesting.（"日落黄昏"听起来很有意思。）
3. Here are some peanuts for free. Please enjoy them.（这是你的花生米，请免费享用。）
4. The name of "Bright Stars"（鸡尾酒名）sounds romantic.（"星光灿烂"的名字很浪漫。）
5. Make it two, please.（再给我来一杯。）
6. A glass of whiskey, half and half.（一杯威士忌，一半水，一半酒。）
7. Two ounces scotch on the rocks, please.（要一杯两盎司加冰的苏格兰酒）
8. I'd like a glass of whiskey, straight up.（来一杯威士忌，纯喝。）
9. How would you like your brandy, up or down?（您的威士忌，加冰还是不加冰?）
10. Scotch over, please.（一杯加冰的苏格兰酒。）
11. Please page Mr. Li in the bar for me.（请叫一下在酒吧里的李先生。）
12. The canned coke costs 7 *yuan*. The bottled coke costs 10 *yuan*.（罐装的可乐售价 7 元，瓶装的售价 10 元。）
13. Sir, we still have your half bottle of Brandy here. Would you like us to serve it to you?（先生，您还有半瓶白兰地寄存在这儿，需要为您拿过来吗?）
14. We have fresh orange juice, apple juice, watermelon juice, and mango juice.（我们的鲜榨果汁有橙汁、苹果汁、西瓜汁、芒果汁。）
15. Your bottle of wine is finished. Would you like one more bottle?（您的这瓶酒已经添完了。请问是否需要再加一瓶?）
16. I'd like my coffee with milk instead of sugar.（我的咖啡加奶不要糖。）

17. We are about to finish drinking. We need no more.（我们已经喝得差不多了，不要再加酒了。）
18. You can hold the payment of the bill until you decide to leave if you'd like to.（您可以在离开的时候再结账。）
19. How would you like to settle your payment? By credit card or in cash?（请问您如何结账，信用卡还是现金？）
20. Would you like to have bills separated or a single bill?（请问是分开付账还是一起结账？）

题型三　情景对话

1. What kind of drink is cocktail?
   The cocktail is a drink made by blending spirits together or adding condiments to a wine or more.
2. What is champagne?
   Champagne is a sparkling, dry, white wine originally from the region of Champagne.
3. What is whiskey?
   Whiskey is distilled alcoholic liquor made from grain, usually containing from 43 to 50 percent alcohol.
4. What does "V. S. O. P" mean?
   "V. S. O. P" means very, superior, old, pale.
5. Can you tell the four basic methods to make cocktail?
   They are shake（摇和法）, stir（调和法）, build（兑合法）and blend（搅和法）.
6. What does "on the rocks" mean?
   "On the rocks" means that the liquor is served over ice cubes, that is to say, putting the ice cubes into the glass, and then pouring the liquor on the ice.
7. Can you say something about the importance of temperature for the taste of wine? And how can you cool a bottle of wine?
   Cooling wine can mask imperfections of the taste, while warming wine expresses its characteristics. The wine will cool by 2°C for every 10 minutes in the refrigerator and warm at the same rate when removed from the refrigerator. If you are in a hurry, 35 minutes in the freezer will be OK.

8. If the guest asks you to recommend some drinks before a meal, what kind of drink would you suggest?

The most common before-dinner drink is the cocktail, a concoction of liquor such as Gin, Whiskey, and Rum which are 80 to 100 proof, ingredients such as bitters, fruit juices, ice and fruit. Some before-dinner drinks contain little sugar, such as vermouth and sherry.

9. If the guest complains that there is a mistake in his bill, what will you do then?

I will first check the bill with the cashier and department concerned. If there isn't any mistake, I'll explain the bill, item by item. If there is a mistake, I will change the bill and apologize to the guest by saying "Would you mind waiting for a minute? /Sorry, I'll ask the cashier to check it up again. /I am really sorry for the mistake(s). /Sorry to have kept you waiting so long, sir.

10. What would you say to someone who walks into your bar for a drink? And how will you serve him/her?

Firstly, I will greet to the guest by saying "Good morning, welcome to our bar." And then ask the guest if he / she has a reservation by saying "Have you got any reservation?" If the guest has reserved a table, I will ask for his name and check it for the guest. After that I'll show him/her the way to the seat. If the guest doesn't have any reservation, I will ask about the number of people, seat preference, and then arrange a table for the guest by saying "How many people?" and "Will this table do?"

参考文献

1. 金正昆:《服务礼仪教程》,中国人民大学出版社 1999 年版。

2. 狄保荣编者:《社交礼仪》(第 2 版),黄河出版社 2004 年版。

3. 徐锐主编:《现代社交礼仪必读》,济南出版社 2004 年版。

4. 曹红、方宁主编:《前厅客房服务实训教程》,旅游教育出版社 2009 年版。

5. 费寅主编:《前厅客房服务与管理》,中国财政经济出版社 2008 年版。

6. 王佳主编:《前厅服务技能实例》,机械工业出版社 2009 年版。

7. 于百战、邹军编著:《餐饮服务员职业技能培训手册》,广东经济出版社 2008 年版。

8. 宋春亭、李俊主编:《中西餐饮服务实训教程》,机械工业出版社 2008 年版。

9. 陈增红、韩颖主编:《客房部运行与管理》,山东大学出版社 2007 年版。

10. 王天佑编著:《酒水经营与管理》(第 2 版),旅游教育出版社 2008 年版。

11. 王文君编著:《酒水知识与酒吧经营管理》,中国旅游出版社 2004 年版。

12. 中国文艺网 http://www.wenyi.com/

13. 中国葡萄酒信息网 http://www.winechina.com/

图书在版编目(CIP)数据

饭店服务实训教程/唐志国主编. —济南：山东大学出版社，2011.9(2019.9 重印)

ISBN 978-7-5607-4489-6

Ⅰ.①饭…

Ⅱ.①唐…

Ⅲ.①饭店—商业服务—教材

Ⅳ.①F719.2

中国版本图书馆 CIP 数据核字(2011)第 198113 号

山东大学出版社出版发行

(山东省济南市山大南路 20 号　邮政编码：250100)

新　华　书　店　经　销

山东和平商务有限公司印刷

720 毫米×1000 毫米　1/16　16.5 印张　305 千字

2011 年 9 月第 1 版　2019 年 9 月第 4 次印刷

定价：27.00 元